메타버스
투자의 정석

NFT에서 원천 IP와 플랫폼까지,
디지털 경제생태계에서 만드는 부의 새로운 축적법

METAVERSE
메타버스
투자의 정석

곽병열, 유성만 지음

한스미디어

추천사

메타버스Metaverse는 기존의 IT 산업을 넘어서 금융산업을 비롯한 주요 산업과 빠르게 융복합 중입니다. 메타버스를 지지할 IT 혁신기술은 이미 준비되었고, 메타버스를 활용하는 다양한 비즈니스 모델이 여러 분야에서 시도 중이며, MZ세대 등 미래 세대들은 메타버스 공간에서 창조자creator로 거듭나는 새로운 문화현상도 나타나고 있습니다. 좁게 보면 메타버스는 고객과의 다양한 접점을 창출하는 마케팅 수단이자 내부직원들의 재택근무 및 경력교육에 대한 하나의 '도구'이지만, 넓게 보면 기존 사업의 한계를 극복하고 신규 사업의 혁신성과 성장성을 부각시킬 만한 '게임 체인저game changer'이기도 합니다. 1990년대 말의 인터넷이나 2008년 이후 스마트폰 등의 급속한 기술혁신에 따른 패러다임 변화를 제대로 활용했던 기업은 황금시대를 누리고 있지만 재빠르게 적응하지 못한 기업은 도태되었던 것처럼 이제 메타버스가

메타버스 투자의 정석

'새로운 기회' 혹은 '위협'을 동시에 내포하고 있습니다.

따라서 '게임 체인저' 메타버스를 어떻게 다뤄야 할지 조심스러울 수밖에 없습니다. 이제 갓 태동한 신산업의 성장기회는 어디에서 비롯되고 관련 기업들의 성공요인은 어떤 도구로 측정할지, 그리고 한국과 글로벌 주요 기업들은 현재 어떻게 메타버스를 준비하고 있는지 등을 정확히 점검하고 분석하는 것은 투자자들을 위한 저희의 책무이기도 합니다.

리딩투자증권은 사명 그대로 'LEADING'에 걸맞게 '주도적'으로 메타버스라는 큰 변화를 미리 준비하며 분석해왔습니다. 특히 한국의 주요 메타버스 기업들을 직접 만났고, 리딩투자증권만의 분석도구로 걸러진 주요 기업들의 대응 과정을 상세히 연구하고 있습니다. 저희 리딩 리서치의 곽병열 이사가 '투자전략 관점'에서, 유성만 차장이 '종목분석 관점'에서 메타버스 관련한 연구 결과물을 도출한 이 책을 참고하셔서 아무쪼록 투자 판단에 많은 도움이 되시길 바랍니다.

메타버스라는 새로운 기회를 찾아서 떠나는 여정, 저희 애널리스트들을 길잡이 삼아 안전한 여행이 되시길 진심으로 기원합니다.

김충호 _ 리딩투자증권 대표이사

메타버스라는 미래 시장에서
부의 기회를 찾는 법

　지금 우리에게 메타버스Metaverse란 그저 한 시절 스쳐 지나갈 '뜨거운 감자hot potato'일 뿐인가요, 아니면 새로운 시대 조류를 형성할 '거대한 변화big change'의 서막인가요?

　표면적으로 지금의 메타버스 열풍은 나비효과butterfly effect처럼 일종의 우연성을 엿볼 수 있습니다. 2020년 연초부터 9월 말까지 검색어 '메타버스'로 네이버 뉴스 검색을 실시해보면, 놀랍게도 조회된 기사 수가 3페이지 정도(현재는 끝도 없음)에 불과했습니다. 메타버스라는 단어는 존재했지만 언론의 관심은 그렇게 놀라울 정도가 아니었습니다. 그런데 2020년 10월 5일 엔비디아의 공동창업자 겸 CEO인 젠슨 황Jensen Huang이 엔비디아 연례행사 'GTC October 2020'에서 '메타버스'를 언급하면서 이후 핵심 키워드로 도약합니다. GPU(그래픽 처리 장치) 1위 기업인 엔디비아 입장에서 메타버스 플랫폼이 지향할 3차원 가상공간(3D)의 활동

량 증가는 곧 엄청난 GPU 시장수요를 만들어낼 테니 좋은 화두를 던진 것이었는데요. 그런데 이를 계기로 '메타버스'는 일약 4차 산업 시대의 '핵심 키워드', '게임 체인저game changer'로서 화려하게 등장한 것입니다.

이렇게 엔비디아의 젠슨 황에서 시작된 메타버스 이어달리기의 두 번째 주자는 2021년 3월 10일 뉴욕 증시에 상장한 '로블록스'입니다. 로블록스는 미국 어린이의 절반 이상, 월 이용자 2.6억 명(2021년 2분기 기준) 등 사용자들의 높은 충성도를 바탕으로 메타버스 플랫폼의 새로운 역사를 만들고 있습니다. 그런데 2004년 창업된 로블록스가 초창기부터 지금까지 과연 '메타버스 플랫폼'이라는 지향점을 설계하여 달려왔는지는 불분명합니다. 다만 가상세계의 3차원 레고블록을 이용자들에게 던져주고, 레고블록을 원재료로 게임을 설계하고 구축한 크리에이터들에게 창작의 대가로서 토큰(로벅스)이 돌아갈 수 있는 토큰 생태계를 구축했다는 측면에서 메타버스 생태계의 확장성에 새로운 가능성을 뚜렷하게 증명한 기업이라는 점은 분명합니다.

최근 전 세계 메타버스 열풍의 절정에는 회사명마저 '메타META'

를 전면에 등장시킨 전 페이스북인 메타플랫폼스Meta Platforms가 있습니다. 2021년 10월 28일 개명했는데 메타버스라는 단어 자체에 사명을 걸었다는 것은 곧 기존 사업 및 가치사슬의 지향점 자체가 '메타버스'로 단일대오를 이뤘다는 것을 의미합니다. 이미 메타플랫폼스는 전 세계 VR 기기 1위에 빛나는 '오큘러스Oculus'를 보유하고 있으며, VR 기반 SNS 플랫폼인 '호라이즌Horizon' 등을 통해 VR 기기의 강점을 앞세워 메타버스 시장으로 앞장서서 진군하고 있습니다. 향후 전 세계 1위 SNS 플랫폼인 페이스북과 인스타그램이 앞으로 메타버스 플랫폼으로서 어떻게 진화할 것인지, 그리고 얼마나 시너지 효과를 낼 것인지에 따라 그 이름에 걸맞은 메타버스 플랫폼 기업으로 거듭날지가 결정될 것입니다.

또 한 가지 메타버스의 화룡점정은 바로 마이크로소프트의 사상 최대 규모 '액티비전블리자드' 인수입니다. M&A 규모가 자그마치 687억 달러(약 82조 원)로 게임 업계는 물론 IT 업계까지 통틀어 사상 최대의 게임 IP 공룡이 출현한 것입니다. 이는 기존 마인크래프트, 클라우드 게이밍 등 메타버스 게임 관련한 강점이 배가되었음을 의미합니다. 게임 산업은 메타버스 플랫폼과의

연계성이 가장 큰 분야로 마이크로소프트는 메타버스 제왕이 될 수 있는 모든 조건을 갖춰가고 있습니다

물론 '엔비디아 – 로블록스 – 메타플랫폼스 – 마이크로소프트'의 메타버스 이어달리기가 이렇게 흥행할 수 있었던 결정적인 한 수는 전 세계적인 코로나 팬데믹에 따른 이른바 언택트untact 산업의 도약입니다. 가장 놀라운 성장세를 보인 부문은 메타버스 플랫폼을 통한 게임–엔터 산업입니다. 앞서 언급한 로블록스가 뉴욕 증시에 입성할 수 있었던 가장 큰 동력은 일차적으로 전 세계 어린이들이 코로나 팬데믹으로 인해 실외 활동이 제약되면서 '놀 거리'가 메타버스 세상으로 쏠렸다는 점입니다. 2020년 4월 24일 포크나이트를 통한 트레비 스캇Travis Scott의 공연이 엄청난 흥행을 보인 점 역시 현장 공연을 할 수 없는 점을 메타버스 플랫폼이 잘 파고든 결과물이기도 합니다. 코로나 확산으로 인해 봉쇄 조치나 거리두기가 2년여 동안 이어지면서 '재택수업–재택근무' 등으로 물리적인 공간의 제약을 뛰어넘는 '미래형 사업장–학교' 시스템이 성큼 현실화되었고, 이제는 메타버스 플랫폼 공간에서 이뤄지는 졸업식, 면접 등이 결코 낯설지 않습니다. 그

리고 일부 제조기업들은 자사의 메타버스 시스템과 VR 기기를 통해 본사의 엔지니어들은 해외 사업장의 주요 기기 수리에 대한 보다 생생한 자문이 가능해졌습니다.

그러면 코로나 팬데믹 시대에서 Post COVID 시대로 전환될 경우 언택트 산업에 쏠렸던 잠재수요가 콘택트 산업으로 골고루 분산되면서 메타버스 열기도 식는 건 아닐까요? 주식시장 및 가상화폐 관점에서 메타버스 테마는 성장 기대감으로 2020~2021년 사이에 급상승했고, 이후 미국 금리 상승에 따른 성장주 약세와 동조화되어 성장통을 겪기도 했습니다. 또한 포스트 코로나 시대에 대한 기대감으로 리오프닝reopening 관련 콘택트 산업이 기지개를 켜고 있는 점도 분명 단기적으로는 부담 요인이 될 수 있습니다. 그러나 중장기적인 관점에서 메타버스는 일시적인 잔물결보다는 새로운 바람이 만들어낸 큰 물결, 그리고 그 바람은 장기적으로 지속될 만한 엄청난 힘을 응축하고 있다고 확신합니다.

필자는 이에 대한 두 가지 과거 사례를 주목합니다.

첫째, 코로나19와 역사적으로 가장 유사했던 1340년 이후 페스트pest의 교훈입니다. 당시 페스트 대유행은 인구의 절반가량이 사망하는 엄청난 피해를 가져왔는데, 결과적으로는 중세 유럽의 봉건제도를 무너뜨리고 이후 르네상스의 황금기를 열었습니다. 즉 팬데믹이 사라졌다고 이전의 봉건제도로 복고復古된 것이 아닙니다. 팬데믹이라는 역사적인 변곡점을 통해 인류는 새롭게 각성하고 완전히 다른 세상을 여는 변화를 선택한 것입니다. 코로나 팬데믹 중 빠르게 보급된 언택트 기술들 역시 퇴보할 수 없는 것들이고, 이는 인류의 미래 기술을 앞당긴 성취이자 소중한 자산으로서 계속된 쓰임을 받게 될 것입니다.

둘째, 1997년 아시아 외환위기 이후 신성장동력으로 꽃피운 인터넷 혁명, 그리고 2009년 금융위기 이후 스마트폰 혁명을 눈여겨볼 만합니다. 늘 대형 위기 이후에는 새로운 기회가 찾아왔는데, 이때 위기를 극복할 동력으로 반드시 '기술의 진보'가 선택되었습니다. 1999년 이후 닷컴 열풍, 2009년 이후 스마트폰계의 안드로이드 및 iOS 양강 체제 구축 등으로 기존 구경제의 강자들은 무너지고 새로운 강자들이 시장을 재편하는 것을 우리는 똑똑히 지켜봤습니다. 특히 인터넷 혁명, 스마트폰 혁명을 통해 확인한 락인 효과lock-in effect를 기억할 필요가 있습니다. 현재 이용하는 특정 재화 또는 서비스가 다른 선택을 제한하여 기존에 쓰던 것을 계속 선택하게 되는 현상으로 고객을 가둔다는 의미로 '잠금 효과, 락인 효과'라고 합니다. 카카오톡을 쓰던 사용자가 다른 SNS 서비스로 옮기기가 어려운 현상으로 쉽게 이해되는데, 메타버스 플랫폼 역시 초기 확장성에 따라서는 락인 효과를 구축할 가능성이 크다고 생각됩니다. 이를 통해 메타버스 플랫폼에 대한 수요가 쉽게 사라지지 않을 것입니다.

오히려 중장기적으로 경계해야 할 점은 노벨경제학상 수상자인 폴 크루그먼이 했던 실수입니다.

"2005년도가 되면 인터넷이 경제에 미치는 영향이 팩스 기기보다 덜하면 덜했지 더하지는 않을 것이다…. 인터넷은 망할 것이며 대부분의 사람들은 서로 할 말이 없기 때문이다."

그는 인터넷을 팩스에 비교하면서 당시 확장성을 과소평가했습니다. 앞서 사례에서 살펴본 기술의 진보성, 락인 효과 등의 독특한 기술의 속성을 이해하지 못하고 당장의 필요성에만 집착한

메타버스 투자의 정석

다면 인터넷은 팩스와 다를 게 없다는 오류를 범할 수 있습니다. 현재 메타버스도 기존 인터넷이나 스마트기기와 다를 게 없는 것 아닌가 하고 반문할 수 있는데요. 이에 대해서는 스마트폰의 최강자인 애플조차도 메타버스를 차기 기술의 핵심으로 인정하고 있습니다.

"애플의 MR 기기가 향후 10년 뒤 아이폰을 대체할 출발점이 될 것으로 기대한다."

글로벌 컨설팅사 PwC에 따르면, 글로벌 메타버스 시장 규모는 2019년 464억 달러(원화 약 53조 3136억 원)에서 2025년 4764억 달러(원화 547조 3836억 원), 2030년에는 1조 7500억 달러(원화 2001조 원)에 달할 것으로 전망됩니다. 이미 빅테크BIG TECH 기업들은 앞다퉈 메타버스 관련 VR, XR, AR 등의 주요 기기 개발에 열을 올리고 있고, 원천 IP를 보유한 핵심 기술기업을 인수합병하거나 제휴하고 있으며, 메타버스 플랫폼의 확장을 위한 토큰경제를 강화하고 있습니다. 글로벌 메타버스 시장 규모를 키우는 본격적인 경쟁이 시작된 것입니다. 즉 사업수명주기Business Life Cycle상 메타버스는 도입기와 성장기 어디쯤에서 꿈틀대고 있는 것입니다. 이

시기는 분명 투자자에게는 엄청난 기회가 될 수 있고, 엄청난 변동성을 수반하여 위험 역시 큰 시기일 수도 있습니다. 인터넷 도입 시대에 닷컴 버블이 터졌던 것처럼 혹은 스마트폰 도입 시대에 기존 픽처폰 업체들의 쇠락이 가속화되었던 것처럼 말입니다.

　따라서 이 책에서는 아직 뚜렷하게 보이지 않는 기회를 포착할 수 있는 나름의 방법론, 보다 신중한 옥석 가리기를 메타버스 관련한 기업 투자에 적용하고자 했습니다. 기존의 전형적인 방법론으로는 새로운 산업을 평가하는 데 한계를 맞이할 수밖에 없다는 점도 감안하였습니다. 메타버스 관련주들은 원천 IP 가치평가 시에 무형자산에 대한 적시성 있는 추적이 필요하다는 점을 고려하여 최근 도입되기 시작한 비정형 데이터에 대한 텍스트 마이닝 기법 등도 시도했으니 투자할 때 반드시 참고하시기 바랍니다. 이에 대해 새롭게 정립한 투자도구와 기관 투자자들의 접근 방법도 소개했습니다. 또한 국내 메타버스 기업의 경우 메타버스에 대한 최고의 전문가인 유성만 애널리스트가 직접 발로 뛰어 해당 기업에 대한 탐방과 인터뷰를 통해 도출한 생생한 견해임을 밝힙니다.

지금 우리 모두는 역사의 커다란 변곡점에 서 있고 이와 같은 변화의 시기에는 모든 분야에서 기회와 위험이 공존합니다. 그러나 과거 수많은 변화의 시대에서 성공의 과실을 수확했던 이들은 시대의 흐름을 좇기 위해 노력했던 사람들이었습니다. 모쪼록 독자 여러분 모두 부단한 노력과 현명한 투자를 통해 원하시는 바를 이루시길 기원합니다.

2022년 3월 곽병열

CONTENTS

2부
메타버스의 핵심 산업과 기업을 찾아서 투자하는 법

5장 원천 IP를 보유한 산업과 기업을 찾아라

6장 메타버스 플랫폼과 기술을 보유한 산업과 기업을 찾아라

메타버스가 만드는
부의 신세계

곽병열

투자전략 관점에서 메타버스 분석에 가장 두각을 나타내는 애널리스트. 〈메타버스를 바라보는 관점과 투자전략〉(2021.12), 〈리딩 리서치의 2022년 메가테마〉(2022.1) 등의 보고서를 통해 메타버스 관련 기업 가치평가에 대한 새로운 접근과 향후 메타버스로 인한 자산시장(국내외 주식, 크립토)의 파급력 등에 관한 심도 높은 연구를 수행하고 있다. 전통적인 주식 분석의 고정관념에서 벗어나 새로운 기술 트렌드를 적극적으로 분석하여 투자 솔루션으로 구현하기 위한 다양한 시도를 끊임없이 하는 애널리스트로 잘 알려져 있다.

서울대학교 경영학과 재무학 석사(2003)를 마치고 중앙대학교 재무학 박사과정(2018)을 수료했다. 16년간 국내 증권사(KB증권 등) 투자전략 담당 애널리스트로 근무하면서 다수의 분석 자료(1000여 편)를 발표했다. KBS 뉴스, SBS CNBC, 한경와우 등 경제 및 증시 관련 주요 프로그램에 출연했고 《매일경제신문》, 《한국경제신문》 등 주요 경제지에 기고했으며 제17회 매일경제신문 증권인상(금상, 2015) 수상자이기도 하다. 하나은행 IPS본부에 소속되어 국내외 펀드소싱 및 최적의 국내외 금융상품을 분석하는 상품 전문가로 활동하기도 했다. 현재 리딩투자증권 리서치실 이사(Strategist)로 재직하며 국내 증시 투자전략을 담당하고 있다.

저서로는 《개미가 이긴다》(2018), 《나는 배당투자로 한 달에 두 번 월급 받는다》(2020), 《장기 투자의 바이블, 실전 ESG투자 따라잡기》(2021), 《이렇게 쉬운데 왜 주식투자를 하지 않았을까》(2022)가 있다.

메타버스란 과연 무엇일까요? 여러 관점이 존재하겠지만 이 책에서는 내 지갑을 불리는 쓸 만한 '투자 아이디어'를 도출하겠다는 다소 실용적인 목적을 중심으로 살펴보고자 합니다. 따라서 메타버스 기업들은 향후 어떻게 수익을 창출할 수 있을지 분석하고, 그렇게 고성장 중인 메타버스 기업들을 평가하는 창의적 기준을 차례대로 설명할 것입니다. 지금까지 존재하지 않았던 새로운 가상세계를 바라볼 때 기존의 2차원 망원경으로만 본다면 미래의 성장 기회를 놓칠 수 있으므로 다양한 각도에서 메타버스 기업의 미래를 엿볼 수 있는 여러 가지 방법들을 보여드릴 것입니다.

더불어 이제 갓 걸음마를 떼고 있는 메타버스 펀드(ETF)들을 점검해볼 것입니다. 이를 통해 기관 투자자들은 메타버스 기업을 어떻게 바라보고 있고, 실제 투자에는 어떻게 적용되는지도 살펴볼 것입니다. 특히 해외 주식형 메타버스 펀드(ETF)에서 주로 다뤄지는 5개의 대표종목들을 점검하면서 글로벌 메타버스 기업들의 준비 과정도 자세히 알아보겠습니다.

1장

메타버스란 무엇인가

METAVERSE

메타버스는
나에게 무엇인가

메타버스Metavers란 'Meta(더 높은)'와 'Universe(세계)'의 합성어로 '더 높은 세계' 정도로 의역할 수 있습니다. '더 높은 세계'는 뭘까요? 현실의 내가 꿈꾸는 것, 욕망하는 것이 이뤄지는 어떤 이상의 세계 아닐까요. 우리는 꿈꾸고 욕망합니다. 누군가와 만나서 밤새도록 신나게 놀고 싶고, 새로운 뭔가를 만들어 누군가에게 자랑하고 싶고, 엄청난 갑부가 되어 건물주도 되고 땅주인도 되고 싶습니다. 우리의 현실 속에서 좌절된 욕망이 이뤄지는 세계가 '더 높은 세계', 바로 메타버스입니다. 현실의 나는 남들이 보면 40대 후반의 배 나오고 노안으로 고생하는 꼰대 아저씨지

만, 제페토ZEPETO 속의 아바타, 느무주아 씨는 피부도 팽팽하고 나름 힙해서 10대처럼 보이고, 블랙핑크 춤을 따라 추는 것을 좋아하며, 가상공간에 나만의 뮤지엄을 짓고 그동안 알뜰살뜰 모은 NFT를 전시도 하고 판매도 하면서 거기서 생긴 토큰이나 코인으로 은퇴설계를 해볼까 고민하고 있습니다. 현실에서 불만족스러운 것에 대한 심리적인 대리만족을 주는 곳, 더 나아가 현실 자체를 바꿀 만한 내공과 경험을 쌓는 곳, 내가 잘 몰랐던 나를 대면하는 곳, 바로 메타버스입니다.

이렇게 메타버스는 가상과 현실이 서로 영향을 주고받는데, 이

제페토의 아바타, 느무주아 씨
(자료: 제페토)

1부 메타버스가 만드는 부의 신세계

를 통해 놀고(게임, 엔터), 만나고(커뮤니케이션), 뭔가를 만들고(콘텐츠 등 창작), 때로는 돈도 벌 수 있는(경제행위) 등 다양한 방식을 통해 새로운 가치를 창출하는 '더 높은 세계'입니다. 세계 1위 게임엔진사인 유니티소프트웨어의 최고경영자인 존 리치텔로John Riccitiello는 "메타버스는 다양한 사람들이 운용하는 공간 속을 서로 방문하여 살아가는 일종의 소우주가 될 것"이라고 말합니다. 사실 21세기 호모사피엔스에게 지구는 지리적으로 개척할 세계가 더 이상 남아 있지 않습니다. 이제 남은 것은 인접한 행성인 화성과 위성인 달을 개척하는 것인데, 천문학적인 자원과 비용이 소모됩니다. NASA의 2020년 무인 화성 프로젝트(로버Rover '퍼시비어런스Perseverance' 등)의 비용이 20억 달러(2조 4080억 원)로 추산되니 혹시 가까운 미래에 유인 프로젝트라도 진행된다면 그 금액은 엄청날 수밖에 없습니다. 그런데 메타버스는 개척할 거리는 우주탐사 못지않게 무궁무진한데 이에 소모되는 자원과 비용은 무인 화성탐사의 '몇백분의 일' 정도에 불과할 정도로 엄청나게 저렴하니 훨씬 더 현실적인 대안이라 부를 만합니다.

물론 스페이스X가 우주 관광을 대중화시키는 것처럼 메타버스로 안내하는 메타버스 '우주선'의 놀라운 발전 역시 메타버스 탐사를 부추기는 중요한 매력 포인트입니다. 스마트폰, PC, VR, AR 등은 물리적인 우주선이 될 것이고, 게임엔진 및 메타버스 플랫폼들은 우주선의 항법 조정장치와 같은 다양한 길잡이 기술에 해당할 것입니다. 3D나 4D로 구현될 수 있는 디스플레이 기술의 진보 역시 현실감 있는 메타버스로 안내하는 때로는 '허블 망원경', 때로는 '전자 현미경'입니다. IT 하드웨어 및 소프트웨어 기술이 메타버스 세계로 여행할 만한 메타버스 우주선과 우주선 관련 기술을 충분히 발전시켰다는 것은 물리적인 우주 관광을 해볼 만한 때가 온 것과 별반 다르지 않습니다.

대항해시대가 향신료라는 맛의 욕망에서 시작된 것처럼, 메타버스 탐사도 현실에서 억압된 다양한 욕망을 분출시킬 '더 높은 세계' 이상향을 지향한다는 점에서 이 정도에서 결코 멈출 수 없습니다. 맛의 욕망은 점차 황금으로, 아예 황신료와 황금이 넘쳐나는 그 땅을 차지하려는 욕심으로, 그것도 모자라 그 땅의 주인들을 노예로, 욕망의 열차는 결코 멈추지 않았던 것처럼. 메타버스 탐사도 현실에서 좌절된 욕망이 분출되는 가상공간을 향해 욕망의 초고속 열차는 우렁찬 출발 기적소리를 울리고 있습니다.

왜 지금, 메타버스를 알아야 하는가

METAVERSE

'메타버스'라는 용어가 과연 이 시대의 키워드가 될지를 예측한 연간 기준 예측 자료 가 있었는지 주요 언론사 및 주요 기관에서 2019~2020년 사이에 발간된 '2020~2021년 대전망'을 뒤져봤습니다. 그런데 놀랍습니다. 메타버스가 지금처럼 주목할 만한 키워드가 될 것으로 짚은 곳은 없었기 때문입니다. 이것은 코로나19가 이토록 우리 삶을 지배할지 어느 누구도 예측하지 못했기 때문일 것입니다.

지금 메타버스가 이 시대의 중요 화두로 갑자기 다가온 이유를 생각해봤습니다.

코로나 팬데믹 이후 재택근무와
재택수업의 일상화와 메타버스

가까운 미래에나 주류가 될 것으로 예견되었던 비대면 혹은 언택트untact 방식은 코로나 팬데믹을 계기로 곧바로 우리 삶을 지배하게 되었습니다. 코로나19로 인한 사회적 거리두기social distancing와 단계적 일상회복 정책 등 사실상 봉쇄조치로 인해 재택근무와 재택수업은 어느덧 일상이 되었습니다. 대표적인 기업 사례로 프롭테크Proptech 플랫폼 기업을 지향하는 직방은 '메타폴리스'라는 메타버스 공간에서 영구 재택근무를 통해 새로운 출퇴근 제도로 변경했습니다. 부동산 중개앱 직방의 안성우 대표는 이렇게 말합니다. "인류는 지금까지 교통을 이용한 통근 시대에 살았지만, 앞으로는 통신을 통한 출근 시대에 살게 될 것입니다."

직방의 가상 오피스 메타폴리스 전경(왼쪽), 사무실 내부 모습(오른쪽)(자료: 유튜브)

이러한 재택근무와 재택수업을 기술적으로 지원하기 위한 비대면 미팅 및 수업의 도구로 초기에는 줌Zoom이 각광받았습니다. 그런데 줌 미팅을 써보신 분들은 느끼시겠지만 30분만 진행되어도 피로감이 만만치 않습니다. 이것을 '줌 피로감zoom fatigue'이라고 부르는데요. 카메라를 통해 회사나 학교가 나를 주시하고, 나는 남들에게 카메라 속 모습이라도 완벽해 보여야 한다는 피로감이 바로 이것입니다.

미국 애리조나대학 경영대학 앨리슨 가브리엘 교수는 온라인 화상회의로 발생하는 줌 피로감은 카메라와 관련이 있다는 가정하에 다양한 실험을 했는데, 그 결과 온라인 회의 시 카메라 작동이 참여자의 심신을 지치게 하는 것으로 나타났습니다. 결국 화상회의에서 카메라가 필요하다는 기존 통념에 대해 반박하는 내용으로 볼 수 있는데요.

이에 대한 대안이 바로 메타버스입니다. 카메라에 감시되는 현실의 나 대신에, 내 아바타가 각종 회의에도 참석하고, 온라인 수업도 듣게 되는 것입니다. 아바타의 표정만으로 현실의 나의 태도를 지레짐작하긴 어려울 테니, 이른바 줌 피로감은 완화될 것입니다. 그 대신 메타버스 가상공간은 현실에서의 관료적인 위계질서를 완화시키고, 보다 수평적인 조직원 혹은 학생들 간의 의사소통을 원활하게 해주고, 여기에서 창출되는 다양한 가치들은 초기부터 디지털로 저장되어 때로는 NFT_{Non Fungible Token} 형태로 구현되어 우리 조직만의 원천 IP로 영원히 남는 무형자산화까지 시도될 수 있습니다. 예를 들어 메타버스 제페토 플랫폼에서 대학 수업이 진행되고, 과제로 제출하는 리포트가 곧바로 NFT로 발행된다면 수업 참여자들은 곧 원천 IP의 생산자, 보유자가 되는 것이죠. 창업 역시 메타버스 플랫폼으로 사무실을 구하고, 사업 아이템의 시험 대상을 아바타들에게 먼저 시도하며, 각종 사업 아이디어를 누군가 차용하지 않도록 NFT화한다면 엄청나게 많은 메타버스 가상기업들이 태어날 것입니다.

결국 코로나 팬데믹 초기인 '언택트 1.0'에서 줌이 빅스타였다면, 코로나 팬데믹 후기인 '언택트 2.0'의 새로운 주인공은 바로 메타버스입니다.

코로나 팬데믹 이후 여가 활동, 게임과 메타버스

코로나 팬데믹으로 해외여행은 꿈도 꾸기 힘들고, 국내여행도 지역사회의 확산 여부를 눈치 보면서 가늠하는 처지가 되었습니다. 따라서 놀이 활동 및 여가 활동에서 '집콕'하면서도 맘껏 할 수 있는 PC 및 모바일 게임은 엄청난 호황기를 만난 것입니다.

코로나 팬데믹 초기인 2020년 1월부터 5월 중순까지 PC 게임 일일 활성 이용자 수DAU는 무려 전년 동기 대비 무려 41% 급증하면서 많은 사람들은 집 안에서 무료함을 게임으로 달랬습니다. 원래 해당 기간은 봄철로 야외 활동이 늘어 PC 게임 DAU가 평균적으로 5% 정도 감소하는 것과는 엄청나게 대조되는 결과입니다. 모바일 게임 이용률도 큰 폭으로 상승했는데, 2019년은 기준치 대비 6% 증가한 반면 2020년은 5월 중순까지 23% 증가한 것으로 나타났습니다. 모바일 게임에 대한 이용 시간과 이용자가 상승하면서 결제 비율도 함께 증가했는데, 코로나19 팬데믹 이후 모바일 게임 인앱 결제(이하 IAP) 수익도 24%만 증가했습니다. 메타버스 플랫폼의 상당 부분은 게임 형식으로 구현된다는 측면에서 메타버스 관련 트래픽은 폭발적으로 늘어날 만한 상황인 것이죠.

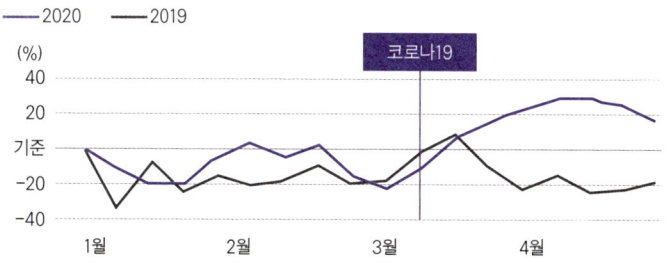

코로나19 이후 모바일 게임 인앱 결제 수익 변화(자료: Unity(2020.6), 한국콘텐츠진흥원)

이에 발맞춰 메타버스 속 아바타들이 개발한 게임을 즐길 수 있는 로블록스의 대약진과 나스닥 상장(2021.3), 게임을 하면서 가상화폐까지 덤으로 챙길 수 있는 혁신적인 P2E 모델을 표방한 위메이드의 '미르4' 등이 활약합니다. 로블록스는 게임 이용자가 게임을 직접 만들고 판매하여 가상화폐 로벅스Robux가 유통되고, 미르4의 게임 참여자(미르4)는 흑철 채굴을 통해 결국 가상화폐 위믹스라는 베너핏benefit을 얻을 수 있으니 기존 중앙화된 게임사가 일방적인 아이템을 팔거나 소비하던 양식에서 벗어나 새로운 비즈니스 모델로 진일보한 것입니다. 그 결과 로블록스의 일간 사용자 수는 2020년 3분기 3620만 명으로 코로나19 직전 해인 2019년 3분기에 비해 거의 두 배 수준으로 급증했습니다.

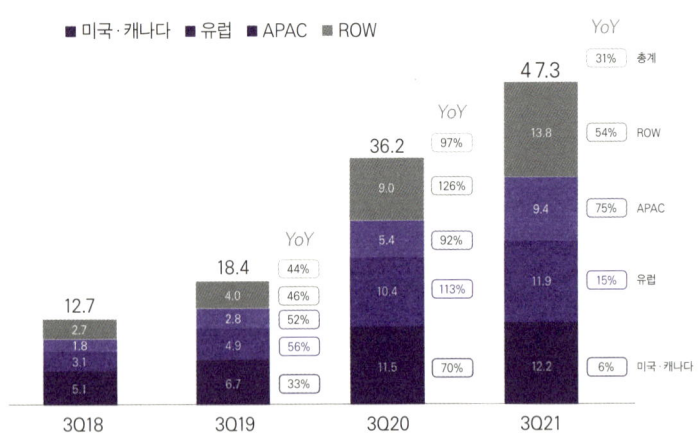

로블록스의 일간 사용자 수 증감(단위: 백만 명, 자료: 로블록스 IR 자료)

코로나 팬데믹 이후 크립토와 더 밀접해진 메타버스

이렇게 온라인 게임의 메가트렌드로 가상화폐, 즉 크립토Crypto
와의 본격적인 연계성도 빼놓고 이야기할 수 없습니다. 온라인
게임에서 메타버스 플랫폼으로 확장시키면 메타버스 세계에서
경제활동으로 통용되는 화폐로서 크립토의 위력은 더욱 커집니
다. 예를 들어 나의 제페토 아바타가 블랙핑크 춤을 추기 위해 치
러야 할 대가인 '젬', 메타버스 플랫폼인 디센트럴랜드에서 가상
부동산을 구매하고 그곳에 박물관을 설립하여 나만의 NFT를 전
시하거나 판매하기 위한 화폐로서 디센트럴랜드(MANA) 코인 등
메타버스 가상공간 안의 경제활동에는 기본적으로 가상화폐가
개입하게 됩니다. 메타버스 플랫폼의 가상세계도 마치 현실의 국
가 단위와 같아서, 그 안에서 화폐의 역할은 크립토가 담당하고,
화폐 유통으로 창출되는 부가가치인 이른바 시뇨리지(화폐의 액면
가에서 화폐 제조비용과 유통비용을 뺀 값)*를 플랫폼의 이용자, 개발
자, 창작자와 나눠 갖게 되는 것이 메타버스 경제활동의 핵심입

---

* 시뇨리지seigniorage란 말은 과거 봉건제도 하에서 시뇨르seigneur(영주)들이 화폐를 주조함
으로써 이득을 챙겼던 데에서 유래되었다. 오늘날 국가는 화폐발행권을 통해 엄청난 시
뇨리지를 얻게 되는데, 우리나라의 경우 원화 발행에 따른 시뇨리지는 원화가 통용되는
한국에 국한되지만 기축통화인 달러를 발행하는 미국의 경우 세계를 대상으로 천문학적
인 시뇨리지 효과를 얻게 된다.

니다. 이를 통해 메타버스 내의 경제활동을 번창하게 유도하고 결국 그 메타버스 가운데 선진 메타버스Advanced Metaverse로 도약할 수 있도록 하는 인센티브라고 할 수 있습니다.

이러한 크립토와 연계된 경제활동을 통칭하는 용어로서 프로토콜 이코노미Protocol Economy, 토큰 이코노미Token Economy, 창작자 이코노미Creator Economy, 웹3.0Web 3.0 등 다양한 신조어들로 표현되고 있습니다. 크게 보면 탈중앙화 경향을 대변하는 디앱dApp의 발전, 블록체인 기술의 보편성 강화, 크립토 시장의 기관화 경향에 따른 활발한 자금 유입 등으로 크립토에 대한 이해도는 이미 일반 대중들에게도 상당히 설득되고 있습니다. 그래서 구글 트렌드로 '메타버스'를 검색할 때 연관 검색어는 바로 이렇습니다. 1위는 가상화폐cryptocurrency, 2위는 코인coin, 3위는 NFT 등

Related topics ⑦		Rising ▼ ⬇ ＜＞ ＜
1	Cryptocurrency - Topic	Breakout
2	Coin - Topic	Breakout
3	Non-fungible token - Topic	Breakout
4	Roblox - Online game	Breakout
5	Investment - Topic	Breakout

구글 트렌드 중 '메타버스' 검색 시 관련 토픽 순위(자료: 구글 트렌드(2022.1.9. 기준))

전 세계인들은 메타버스 하면 이제는 바로 '크립토'를 떠올리게
된 것입니다.

포스트 코로나 시대에도 메타버스는 번창할까

코로나 팬데믹에 의해 IT, 플랫폼, 게임과 같은 비대면untact 비
즈니스가 번창했습니다. 그러면 코로나가 백신과 치료제로 통제
가능해진 포스트 코로나Post Covid 이후에도 다시 여행, 쇼핑 등
의 대면contact 비즈니스, 리오프닝reopening 수혜주가 원상복구되
면서 코로나 이전으로 마치 타임머신을 타고 과거로 돌아간 것처
럼 회귀할까요?

여기에 대한 답은 1340년 이후 전 세계를 휩쓴 페스트pest, 다
른 말로 흑사병에서 교훈을 찾을 수 있습니다. 당시 페스트 대유
행은 인구의 절반가량이 사망하는 엄청난 피해를 가져왔고, 결
과적으로는 중세 유럽의 봉건제도를 무너뜨렸습니다. 페스트로
인한 인구감소로 노동 인력이 부족했기 때문에 봉건영주들의 노
동자원은 고갈되어 농원을 유지할 수 없게 되었습니다. 그리고
노동력 부족으로 농노들의 임금이 오르거나, 새로운 일자리를
구하러 도시로 모여들면서 상인이나 장인들 중심으로 신흥 부유

층도 형성됩니다. 그리고 페스트로 살아남은 자들은 더 이상 신이 자신들을 지켜주지 못한다고 의식하면서 종교 중심의 세계관에서 벗어나게 되죠. 즉 역사적인 변곡점을 초래한 대형 이벤트 이후 사람들은 새롭게 각성하고 기존과는 완전히 다른 세상인 르네상스가 활짝 열리게 된 것입니다.

코로나 팬데믹 역시 중세를 마감시킨 페스트와 유사할 것으로 생각됩니다. 가까운 미래에 펼쳐질 것으로 여겨지던 메타버스가 앞당겨졌고, 메타버스를 경험하면 내 안에 숨겨졌던 욕망과 이상을 구현하는 문화는 포스트 코로나에도 마치 르네상스가 온 것처럼 우리 일상생활 깊숙이 자리 잡을 것입니다. 이미 코로나 팬데믹 이전부터 메타버스 여행에 필요한 메타버스 우주선, 메타버스 우주기술은 준비가 되었는데, 다만 코로나 팬데믹으로 지구의 혼돈이 발생하여 탑승 시기가 빨라졌을 뿐입니다. 코로나 팬데믹이 종료되더라도 이미 메타버스 행성에 정착한 아바타들의 경제활동은 멈출 수가 없고, 코로나 팬데믹을 계기로 규모의 경제scale of economy를 통해 보다 메타버스 행성으로 가는 항공권 가격은 저렴해지고, 메타버스 이주자들이 구축한 각종 편의시설의 매력도는 더 커져서 현실의 대면 비즈니스와는 양립할 정도로 메타버스 세계에 대한 이용자들의 충성도와 현실과의 융복합 등은 막을 수 없는 대세가 이제는 터졌다고 생각됩니다. 마치 페스트 이후 세계에서 르네상스의 큰 강줄기를 교황청의 댐으로도 결코 막을 수 없던 것처럼 말입니다.

2장

메타버스의
진정한 가치를 찾아서

METAVERSE

메타버스는 '더 높은 세계'라는 우리 욕망이 투영된 가상세계이고, 가깝게는 코로나 팬데믹을 계기로 당초 예상보다 우리 앞에 성큼 다가왔습니다. 따라서 투자 대상으로서 '메타버스' 역시 이론적인 체계가 정립되기는 너무 이른 시기이므로 다양한 가설과 풋풋한 상상력에 의지할 수밖에 없습니다. 다만 우리의 경험상 새로운 메가트렌드에 의한 신산업의 태동은 높은 변동성, 즉 높은 투자 위험을 수반하지만 이에 대한 '높은 수익률'이라는 위험 대비 보상도 줄어질 가능성이 큽니다. 이러한 관점을 바탕으로 신산업의 태동기와 성장기에서 두각을 나타낼 만한 투자 대상을 가리기 위해 어떤 잣대로 판단해야 할지를 본격적으로 따져보고자 합니다. 즉 이번 장부터는 본격적으로 투자, 즉 '돈'의 관점에서 메타버스를 살펴보고자 합니다.

첫 단추는 바로 투자 관점에서 메타버스의 진정한 가치는 어디에서 찾아야 할지를 가늠하는 것입니다. 메타버스의 가치에 대해 네 가지로 구분하여 살펴볼 것인데, ① 기술Tech, ② 콘텐츠Contents, ③ 아바타Avatar, ④ 가치Value입니다. 이를 하나씩 보다 상세히 살펴보겠습니다.

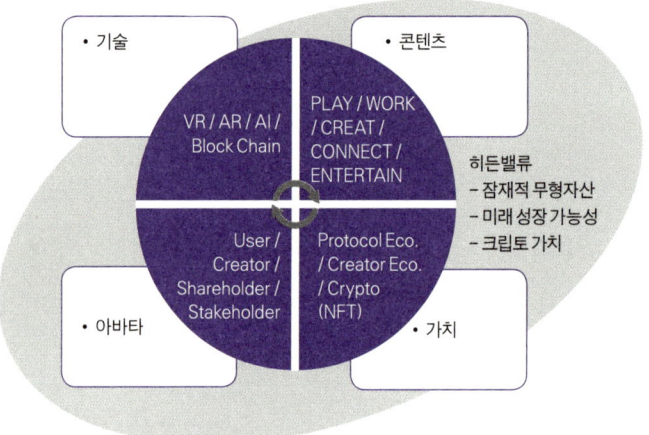

메타버스 가치의 4요소(자료: 리딩투자증권)

　　　　　　　　　　　　　　1부 메타버스가 만드는 부의 신세계

기술Tech:
메타버스의 인프라

METAVERSE

비틀즈의 신화, 폴 메카트니의 2015년 서울 공연을 못 본 한을 풀고 싶습니다. 그의 월드투어를 가상현실VR: Virtual Reality을 통해 무대 바로 앞 스탠딩석의 현실감과 몰입감만 준다면 10만 원 정도의 비용이 어찌 아깝겠습니까. 비록 나는 우리 집 쇼파에 앉아 있지만, VR이라는 마법의 도구를 통해 내 아바타는 잠실종합운동장 스탠드석에서 메카트니를 직관할 수 있도록 현실감과 몰입감을 줄 수 있는 것이 바로 메타버스 기술Tech의 힘입니다. 오큘러스퀘스트Oculus Quest와 같은 VR 기기는 이미 가상공간에 대한 몰입감은 높이고 오래 사용할 때 동반하는 피로감은 낮춰서 현

저커버그의 오큘러스 시연 모습(자료: 인벤INVEN)

실 속 앨리스가 '이상한 나라'로 빠져드는 메타버스 세계의 토끼굴의 역할을 톡톡히 하고 있습니다. 메타 플랫폼스(구 페이스북)이 VR 기기 업체인 오큘러스Oculus를 인수한 것은 진정한 메타버스 플랫폼으로 도약하기 위한 저커버그의 묘수였는지도 모릅니다. 2020년 11월 기준으로 오큘러스의 VR HMD 라인업Line-Up이 스팀 전체 VR 점유율의 과반수를 넘긴 53%를 기록할 정도로 시장 지배력을 높이고 있습니다.

증강현실AR: Augmented Reality은 오큘러스 같은 VR 기구로부터 보다 자유롭게 해준다는 점에서 현실과 메타버스의 접점을 보다 가깝고 편리하게 만나게 해줄 기술입니다. 2020년 퀸QUEEN 내한

2020년 퀸 내한공연 중 AR로 소환된 프레디 머큐리(자료: 현대카드)

공연에서 작고한 프레디머큐리를 공연 중 불러낸 것은 메타버스 세계에서는 시공간을 초월하여 얼마든지 관객들과 소통할 수 있음을 상징적으로 보여준 것이기도 합니다.

앞서 살펴본 VR, AR이 시각적인 가상세계 구현에 초점을 맞췄다면, 인공지능AI은 메타버스에서 아바타들의 욕망을 알아서 척척 찾아주거나 AI 자체가 아바타의 아바타가 되어서 사용자가 원하는 메타버스 활동을 대리해주는 기능을 수행할 수 있는 어쩌면 기술적 확장의 끝판왕이 될 것입니다. 이미 유튜브와 넷플릭스는 알아서 내 취향에 적합한 콘텐츠를 자동으로 골라주는 것처럼 AI는 메타버스 내에서 사용자들의 취향을 금방 파악하여 경제활동을 유도하든가, 광고를 보게 하든가, 게임을 수행하도록 하든가 알게 모르게 유도할 것입니다. 그리고 메타버스 게임을 하면서 채굴하게 되는 토큰Token을 비접속 중에도 얻게 하기 위해 내 아바타의 아바타들을 아주 많이 복제하여 내 아바타 대신 시키게 된다면 경제적으로는 안정적인 토큰 확보도 가능할 것입니다. 마치 매크로 프로그램를 자동으로 돌려서 조회 수를 늘리고 이를 통해 게시물의 가치를 올릴 수 있는 것과 비슷한 이치죠.

학술적(ASF 재단 기준)으로 메타버스 유형을 구분할 때 메타버스 공간이 현실에 보다 가까운지 가상에 보다 가까운지, 그리고 구현되는 정보가 외부적 환경 중심인지 내부적 개개인 중심인지에 따라서 네 가지 유형으로 분류합니다. 그런데 이러한 분류의 중심에는 메타버스 인프라에 해당하는 기술이 위치하고 있습니다. 만약 메타버스의 가치를 기술의 확장성에서 찾는다면 이러한 기술들이 메타버스와 융복합될 가능성과 사용자들의 확대에 따른 사용 가치의 증가 등에서 기술의 가치를 따지는 것이 필요할 것입니다.

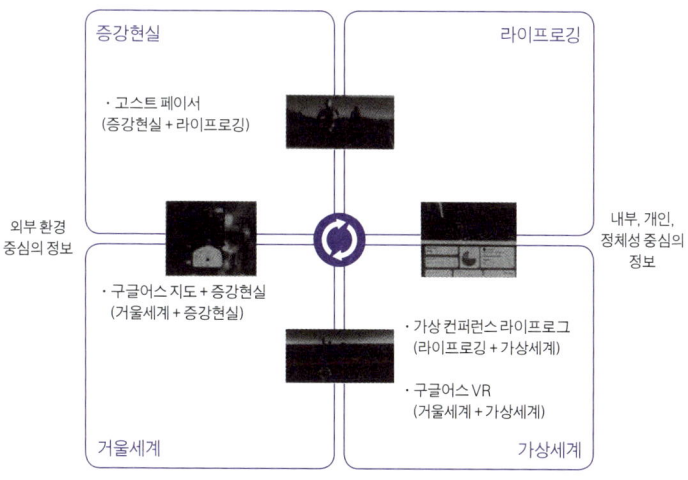

현실 위에 가상정보가 입혀진 증강환경

증강현실

· 고스트 페이서
(증강현실 + 라이프로깅)

라이프로깅

외부 환경
중심의 정보

내부, 개인,
정체성 중심의
정보

· 구글어스 지도 + 증강현실
(거울세계 + 증강현실)

· 가상 컨퍼런스 라이프로그
(라이프로깅 + 가상세계)

· 구글어스 VR
(거울세계 + 가상세계)

거울세계

가상세계

시뮬레이션된 가상 환경

메타버스의 네 가지 유형(자료: Acceleration Studies Foundation(2006))

① 증강현실 AR	현실에 외부 환경정보를 증강하거나 투영하여 제공하는 형태. 세계적인 록 그룹 퀸QUEEN 공연에서 작고한 프레디 머큐리를 증강현실을 통해 재현하는 것이 대표적인 사례가 될 수 있음.
② 라이프로깅 Life Logging	개인이 현실 속 활동정보가 가상과 연결되어 통합되는 형태. 갤럭시 와치를 차고 조깅할 때 운동 동선이 삼성헬스나 구글피트니스에 그대로 구현되는 것이 그 사례임.
③ 거울세계 Mirror Worlds	가상공간에 외부 환경정보가 통합된 구조. 구글어스나 네이버지도처럼 현실을 최대한 비슷하게 입체화하여 구현한 세계.
④ 가상세계 Virtual Worlds	완전히 가상으로 구현된 공간에서 내 아바타가 존재하고 그 안에서 사는 것임. 우리가 메타버스라고 생각하는 흔히 떠올리는 것으로 협의의 메타버스라고 생각되는 곳으로 볼 수 있음.

콘텐츠Contents:
'거리들'의 축적물

METAVERSE

사용자들을 메타버스라는 가상공간으로 일단 끌어들이고 계속 머무르도록 묶어놓을 매력은 '뭔가의 거리'입니다. 놀 거리, 일거리, 만들 거리, 만날 거리, 즐길 거리 등 그 메타버스 플랫폼에 '거리'가 많다는 것은 곧 콘텐츠가 풍부하다는 것입니다. 만약 현실공간보다 가상공간에서 할 거리가 차고 넘친다면 거대한 아마존 정글에 각종 희귀 동식물들이 넘쳐나듯 메타버스 생태계 역시 확장 가능성이 매우 클 것입니다. 그리고 넘쳐나는 콘텐츠들은 콘텐츠 간의 상호작용을 통해 현실에서는 불가능할 만한 창작 과정과 창작 결과물들이 생성될 수 있습니다. 대표적으로 콘

메타버스 드라마의 사례: 잠뜰TV(자료: 유튜브 잠뜰TV)

텐츠로서의 메타버스 플랫폼의 가능성을 실감하는 것은 잠뜰
TV, 도티TV 등 메타버스 드라마의 성공을 보면 더욱 그렇습니
다. 애니메이션, 웹툰 그리고 실사 드라마 어디에서도 찾을 수 없
는 독특한 설정과 이야기 구조를 지니고 있습니다. 그리고 창작
자는 메타버스의 도구를 활용하여 배경을 생성하고 아바타들을
배우로 캐스팅한다는 측면에서 비용통제 면에서 새로운 시도를
얼마든지 할 수 있습니다.

  그렇다면 메타버스 플랫폼은 새로운 창업의 공간이 될 수 있
습니다. 현실에서는 회사(법인) 설립의 복잡한 프로세스, 인력 고
용 문제, 각종 제반 비용 등의 높은 장벽을 메타버스 플랫폼은
간단히 해결할 수 있죠. 메타버스 가상공간에 내 사무실을 내

고, 주변 아바타들에게 취업공고를 내어 가상공간의 면접도 보고, 회사가 잘 안되어 폐업하더라도 파산비용은 제한적이며, 잘해서 성공하면 정말 현실공간에서 창업으로 연결되는, 어쩌면 '아니면 말고'의 비즈니스 모델을 통해 끊임없이 창업하고 폐업할 수 있는 비즈니스 시도가 얼마든지 가능한 공간인 것이죠. 예를 들어 현실의 나는 증권회사 근무 중이고, 가상의 내 아바타는 〈아니면 말고 투자상담소〉를 메타버스 플랫폼에 개업하고 관심 있는 아바타들에게 모집공고를 내어 저녁 1~2시간만 투자고민 상담을 받거나 원하는 아바타들을 대상을 투자교육도 실시할 수 있습니다. 그리고 그 대가로 토큰을 수령하는 것이죠.

이렇게 창작자들에게는 더 없이 각광받는 공간이 메타버스가 될 수 있습니다. NFT*를 통해 창작자들의 저작권 가치가 일정 수준 인정되면서 만든 예술품, 게임공간에서의 나의 성과와 업적, 때로는 가상공간 그 자체는 이제는 가치가 부여되는 루트가 만들어진 것입니다. 무형자산의 현금화 창구로서 메타버스 플랫폼과 이를 가능하게 하는 크립토 기반의 다양한 교환수단들, 그

---

* NFT는 '대체 불가능한 토큰Non-Fungible Token'이라는 말 그대로 블록체인 기술을 이용해 디지털 아이템에 고유한 소유권을 부여해 고유하면서 상호 교환할 수 없도록 한 토큰을 뜻한다. 무한하게 복제가 가능한 디지털 자산에 고유성 혹은 희소성을 블록체인으로 증명하기에 가치를 부여할 수 있다. 블록체인 데이터 플랫폼 기업 체이널리시스는 2022년 NFT와 가상자산에 대한 시장 규모가 최소 269억 달러에 이를 것으로 전망하기도 했다.

필자가 보유한 웰시코기 NFT

리고 NFT 거래시장을 통한 즉각적인 시장발견 기능과 거래 시스템 등 이런 것들은 기존에는 가치의 저장, 가치의 교환이 안 이뤄지던 것들에 대한 혁신적인 변화를 가져오게 한 것들입니다.

특히 콘텐츠 '거리'들은 무단복제 가능성이 앞으로는 NFT를 통해 제어되면서 폭발적인 콘텐츠의 생성과 유통이 활발해질 것입니다. 그 성장 가능성을 확인한 것이 2021년 NFT 열풍이었는데, 꼭 유명인이 아니더라도 자기만의 개성을 드러내는 NFT가 발행되고 누군가는 사면서 각종 콘텐츠들은 더 이상 내 머릿속이 아니라 공유되고 유통되는 하나의 재화가 될 것입니다.

결국 메타버스 플랫폼의 콘텐츠는 콘텐츠의 양적 규모, 발행된 NFT 개수, NFT의 시가총액, 보유한 창작자의 명성, 새롭게 창작되는 게임 수 등에 따라 다양하게 측정될 것입니다. 콘텐츠의 시장성은 NFT뿐만 아니라 블록체인 기술이 적용된 예술품의 분할매수(뮤직카우, 아트앤가이드 등)를 통해서도 촉진 중이기 때문에 투자 대상으로서 향후 발전 가능성이 높아질 것으로 판단됩니다.

아바타Avatar: 유저, 크리에이터, 주주, 이해당사자

METAVERSE

온라인 플랫폼 가치측정을 위한 직접적인 척도는 일간 활동 유저DAU: Daily Active User, 월간 활동 유저MAU: Monthly Active User 등 일간 혹은 월간과 같은 시간 단위당 활동 유저들의 활동 크기를 통해 향후 잠재적인 광고수입 규모 및 아이템 판매 등으로 추정될 온라인 플랫폼의 거래금액을 추적하는 것입니다. 메타버스 플랫폼 가치를 사용자 및 아바타 측면에서 측정한다면 아바타의 유동인구 수와 아바타가 메타버스 플랫폼에 머무는 시간이 곧 메타버스 플랫폼에 대한 충성도loyalty를 나타낼 것이고, 곧 진정한 메타버스 가치에 가까울 것으로 판단합니다. 마치 일국의 국력을 따질 때 현재의 인구 규모(유동인구 수)와 청년층 및 생산가능인구가 두터운 인구구조(향후 일국에 머무를 기간)를 가지고 평가하는 것과 다를 것이 없습니다.

아바타인 사용자는 때로는 개발자나 크리에이터Creator가 되기도 하는 콘텐츠 제작자와 소비자가 엉켜 있는 프로슈머prosumer가 되기도 합니다. 메타버스 플랫폼 안에서 아바타는 유저, 크레에이터가 되기도 하고 아바타를 활용한 드라마, 영화 등도 가능하니 내가 감독이 될 수도 있습니다. 더 진화하면 현실의 나는 수백까지의 아바타, 이른바 부캐*를 거느리고 부캐들은 인공지능, AI를 바탕으로 내가 놀 때도 어딘가에서 일을 하거나 뭔가를 하면서 부가가치를 창출할 수도 있을 것입니다. 지금도 현실의 개인은 몇 개의 메타버스 플랫폼에서 최소한 서너 개의 아바타를 보유하고 활동하고 있을 것입니다. 마치 현실의 유재석이 가상의 부캐인 유산슬, 지미유, 유두래곤, 유본부장 등으로 활동하듯이 내 아바타들도 제페토, 위버스, 더샌드박스, 로블록스 등에서 뭔가를 하고 있습니다. 온라인 게임 중 내가 게임에 참여하지 않더라도 내 아바타가 혼자서 뭔가를 하는 게임들을 흔히 볼 수 있습

---

* '부캐릭터'의 준말로 온라인 게임에서 본래 사용하던 계정이나 본 캐릭터(본캐)가 아닌 새롭게 만든 캐릭터를 뜻한다. 최근 일상생활로 그 사용이 확대되면서 '평소의 나의 모습이 아닌 새로운 모습이나 캐릭터로 행동할 때'를 지칭하는 말로 재정의돼 사용되고 있다.

1부 메타버스가 만드는 부의 신세계

니다. 결국 제페토의 내 아바타, 느무주아 씨 역시 내가 통제 안 하더라도 AI를 통해 뭔가를 계속 활동하며 부가가치를 창출하는 방향으로 진화할 것입니다.

아바타의 활동지수는 메타버스 플랫폼의 가치를 평가하는 데 엄청나게 중요합니다. 강남역 인근 상가의 임대료나 권리금이 타 지역 대비 월등히 높은 것은 강남역 유동인구 수가 우리나라 최대인 것을 반영하는 것처럼. 인구구조론에 따른 생산가능인구에 따라 그 나라의 성장 잠재력을 예측하는 것처럼. 전체 활동 아바타의 개수, 이들이 생산하거나 소비하는 가상공간 내에서의 거래 규모 등은 현실세계에서 임대료와 권리금을 따지는 상권분석과 다르지 않다고 생각합니다.

한편 아바타를 메타버스 안에 오래 머물게 하고, 경제활동을 계속 유발시키기 위해서는 메타버스 내의 다양한 콘텐츠를 단순 소비만 하는 것에서 더 나아가 메타버스에서 뭔가를 생산하는 개발자 및 창작자, 토큰token이나 코인coin의 보유자로서 크립토 생태계의 구성원, 그리고 메타버스 기업의 주주Shareholder로서의 권리, 더 나아가 메타버스 생태계의 간접적인 영향을 받을 수 있는 이해당사자Stakeholder 등 다층적─다원적인 이해관계 구조를 가지고 있으므로 이런 관계망 역시 메타버스의 본질적 가치를 이해하는 데 필요할 것입니다. 예를 들어 더샌드박스The Sandbox라

디센트럴랜드 메타버스 안에 개장된 삼성전자 가상매장 837X(자료: 디센트럴랜드)

는 메타버스 플랫폼에 대해 소프트뱅크 계열의 비전펀드가 투자한 것, 메타버스 플랫폼인 디센트럴랜드에 삼성전자가 가상매장으로 입점한 것 등은 향후 해당 메타버스 플랫폼 기업가치에 영향을 주는가에 대한 평가와 논쟁은 향후 따져봐야 할 주제가 될 것입니다.

가치Value:
프로토콜 이코노미,
크리에이터 이코노미,
크립토, NFT

METAVERSE

기술Tech이란 메타버스의 인프라로 만들어진 집에 각종 '할 거리' 콘텐츠로 꽉 채우고, 여기에 아바타들이 여러 활동으로 활개를 치는 이러한 메타버스 플랫폼의 가치Value는 어떻게 평가해야 할까요?

기술의 가치는 VR 기기의 보급률, AR 기술의 응용 가능성, AI의 경우 메타버스보다도 빠른 적용을 앞둔 자율주행 기술 등에서 힌트를 얻으면서 메타버스라는 새로운 시장이 열린 것에 대한 성장성을 반영할 것입니다. 어쩌면 메타버스라는 신산업보다는 기존 산업에서 얼마나 가시적인 성과를 거두면서 신산업 메타버스와 융합될지, 아니면 메타버스의 독특한 특성에 적합하게 고객친화적으로 진화될지도 아직 명확하게 단정 내릴 수는 없을 것입니다. 다만 이러한 신기술들은 반드시 메타버스가 아니더라도 여러 산업에 적용 가능성이 큰 분야이므로 대체로 성장 가치가 부여되는 높은 성장주 프리미엄을 향유하고 있습니다. 꼭 메타버스 플랫폼에만 고유하게 한정되는 기술은 없습니다. 메타버스 플랫폼 그 자체가 온라인 게임, 3D 디스플레이 기술의 구현, 다양한 웨어러블wearable 기기의 발전, 자율주행 기술 및 인공지능 기술 등을 그저 포용적으로 흡수하고 응용할 뿐이니까요.

콘텐츠 가치는 사용 가치뿐만 아니라 예술성, 희귀성 등이 고려되는 무형자산의 영역으로 가장 논란적인 영역입니다. 다만 NFT의 등장으로 기존 인터넷 플랫폼에서 무단복제로 인해 창작자 고유의 창작 가치가 훼손되던 것이 극복된 점은 무형의 콘텐츠 가치가 실현 가치realized value로 유동화될 수 있는 좋은 계기가 되었습니다. 즉 NFT가 발행되고 NFT 시장에서 시장가치에 의해 거래되면서 무형자산도 자연스럽게 시장가로 평가되는 시대를 맞게 된 것입니다. 이에 따라 메타버스 플랫폼 내 가상토지 가격이 급등하고, NFT 가치는 민팅 이후 서너 배는 올라가기도 하며, 메타버스 플랫폼에서 통용되는 가상화폐 역시 높은 변동성은 있지만 이미 높은 가격을 유지하면서 기대감은 충만한 상황입니다. 다만 과연 사용자에 대한 베너핏benefit으로 주어진 토큰을 메타버스 플랫폼 내에서 소비하도록 유도하여 토큰의 과잉공급에 따른 메타버스 인플레이션을 어떻게 제어할 수 있을지는 중요한 숙제가 될 것입니다. 최근 위메이드의 미르4에서 이러한 메타버스 인플레이션을 해결할 수 있을지가 관심 포인트이기도 합니다. 또한 NFT 시장에서 형성되는 가격이 과연 합리적인가에 대한 의구심 역시 극복해야 할 과제입니다.

한 예로, 인도네시아의 22세 대학생이 장난삼아 자신의 셀카를 NFT 경매 홈페이지에 올려 백만장자가 되었다는 소식이 화제가 된 적도 있었습니다. 아바타 가치는 만약 일간 활동 유저DAU, 월간 활동 유저MAU를 기반으로 거래대금까지 어느 정도 추적할

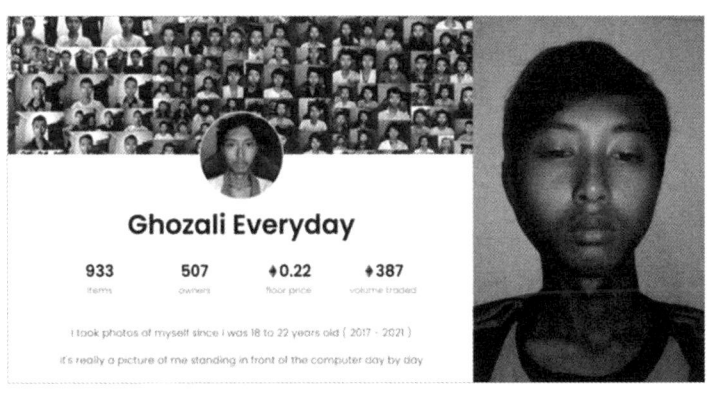

자신의 셀카 사진을 NFT로 판매해 100만 달러 이상의 수익을 낸 인도의 술탄 구스타프 알 고잘리(자료: 트위터, Huffpost)

수만 있다면 메타버스 가치 추정에 있어서는 가장 신뢰 있는 가늠자가 될 수 있습니다. 다만 문제는 이러한 수치를 메타버스 플랫폼 기업들은 적시성 있게 제공할 의무가 없고, 일부 분기 실적 발표 IR 자료에서 공개하는 정도라는 것입니다. 그리고 메타버스 참여 주체 중 가상 부동산에 참여할지, 주주로 참여할지에 따라서 메타버스 플랫폼의 가치에 반영되는 정도와 중장기적인 영향이 어떨지도 향후 관전 포인트가 될 것입니다.

그리고 언급된 기술, 콘텐츠, 아바타의 가치 이외의 메타버스 가치를 설명하는 것들 역시 충분한 논의가 필요합니다.

총가치Total Value

= 기술 + 콘텐츠 + 아바타 + 가치(기술, 콘텐츠, 아바타 이외 가치)

이와 관련하여 메타버스의 가치사슬을 다시 환기할 필요가 있을 것입니다. 다음은 삼성자산운용의 삼성글로벌메타버스 펀드의 투자설명서에 기재된 메타버스 밸류체인인데 이 중 기술, 콘텐츠, 아바타를 제외한 가치들을 주목하시기 바랍니다. 사실 메타버스 밸류체인을 감안하면 메타버스의 구성요인은 하나의 독립변수라기보다는 나머지 요인들에게도 많은 영향을 받고 있으므로 대단히 유기적이고 상호 영향요인이 된다고 봐야 할 것입

니다.

메타버스 4요소 중 기술을 제외하면 대부분의 가치는 유형자산이 아닌 무형자산과 관련되어 기존의 가치측정 도구로는 설명

구분	정의	관련 산업(예시)
사용자 경험	• 물리적인 공간, 거리, 사물의 비물질화 경험 • 업무, 여가, 일상생활을 가상의 공간에서 영위	• Online Games, Social Network, Online Entertainment
경험의 발견	• 새로운 경험과 연결해주는 플랫폼 • 사용자가 능동적으로 새로운 서비스를 검색	• Ad Networks, Social Network, Online Platform
개발자 경제	• 창의적 활동을 지원하는 기술 및 소프트웨어 • 작업툴, 템플릿, 콘텐츠 거래시장 등을 모두 포괄	• Design Tools & Templates, Content & Creator Marketplace
공간 컴퓨팅	• 가상공간을 창조하는 3D 구현 엔진과 소프트웨어 • 3차원 공간에 진입·조작할 수 있게 해주는 기술	• 3D Engine, Gesture Recognition, Mixed Reality, AI, 3D Rendering
탈중앙화	• 중앙집권에서 벗어난 분권화된 시스템과 금융자산 • 블록체인 기술 활용한 금융의 탈중앙화(DeFi) 흐름	• NFT, Online Payment, Digital Wallet, Digital Finance
인터페이스	• 사람과 기계를 연결하는 AR, VR 등의 기계장비 • 다양한 웨어러블 스마트기계의 출현과 소형화 가속	• AR, VR, XR
인프라	• 네트워크와 연결을 통해 콘텐츠를 전달하는 기술 • 5/6G를 활용한 빠른 데이터 전송과 처리지연 감소	• Semiconductors, 5G, Clouding Computing

메타버스 밸류체인의 정의(자료: 삼성자산운용의 삼성글로벌메타버스 펀드의 투자설명서)

하기 어려운 것이 사실입니다. 여기에는 콘텐츠, 아바타가 창출하는 숨겨진 무형자산 가치, 향후 확장성을 좌우할 현금창출력, 그리고 크립토와의 시너지 등이 메타버스 플랫폼의 가치를 바라볼 때 눈여겨봐야 할 포인트라고 생각합니다. 이와 관련한 보다 자세한 이야기는 3장에서 논의하겠습니다.

3장

메타버스 히든밸류를
찾아서

METAVERSE

앞서 메타버스 가치의 구성요소를 짚어봤는데, 메타버스 밸류 체인상 우리가 명확하게 정의 내리지는 못하는 가치평가의 회색지대gray zone가 상당하겠구나 한탄할 수밖에 없을 것입니다. 맞습니다. 새롭게 태동하는 산업을 기존의 전통적인 잣대로만 평가한다면 분명 놓치는 것이 많을 수밖에 없습니다. 이를 조금이라도 극복하려는 노력을 이번 장에서 시도하려고 합니다. 그 핵심에는 장부상에는 드러나지 않는 무형자산을 찾아보려는 시도, 미래 성장동력을 장착하기 위해 충분한 여유 자원이 축적되었는지 여부, 메타버스 플랫폼으로 사용자를 끌어들일 만한 유인책으로 크립토(가상화폐)와의 시너지를 낼 수 있는가 등을 세부적으로 따져보려고 합니다.

물론 전통적인 기업가치 평가 방법에서 시도하지 않았던 점들

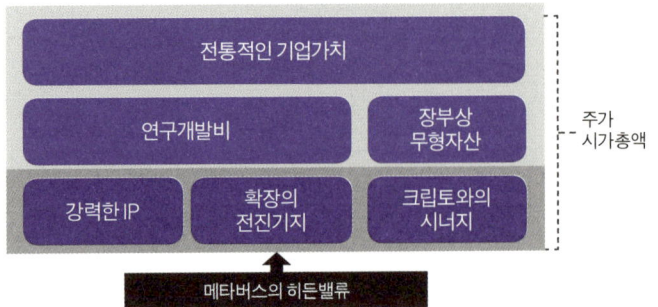

메타버스 플랫폼 기업의 진정한 가치는?(자료: 리딩투자증권)

을 과감하게 도입했기 때문에 논쟁적일 수밖에 없습니다. 따라서 이론적인 완결성보다는 꿈틀대고 변화하는 성장 가치를 어떻게든 추적하려는 나름의 시도로서 이해하고 참고하기 바랍니다.

메타버스 히든밸류를 찾아서 ①: 강력한 IP(지적재산권)

METAVERSE

코스피 시가총액으로 상위권에 랭크된 엔씨소프트와 넷마블, 일본 상장사인 넥슨NEXON 등 국내 주요 게임사 기업가치의 상당 부분은 무형자산에서 발생하는 것처럼 보이지만, 현실은 그렇지 않습니다. 리니지 시리즈로 누적 매출 약 7조 7000억 원을 올린 엔씨소프트의 장부상 무형자산은 불과 495억 원이고, 3년 만에 배틀그라운드를 글로벌 IP로 만들고 누적 매출 약 3조 3000억 원을 거둔 크래프톤의 장부상 무형자산은 놀랍게도 20억 원에 그칩니다.

메타버스 플랫폼은 눈에 보이지 않는 가상세계를 담는 그릇이니, 기업가치 역시 눈에 보이지 않는 무형자산에서 비롯된 것입니다. 그러나 위에서 말한 것처럼 게임사 등 온라인 플랫폼의 무형자산으로 장부상에 계상된 숫자는 미미한 수준으로, 이를 통해 기업가치를 논하기에는 부족하다는 문제점을 지니고 있습니다. 규모 면에서 대한민국 최고 플랫폼 기업인 NAVER의 경우 2020년 재무상태표 기준으로 계상된 무형자산은 1051억 원으로 자산총계 17조 원 대비 0.6%의 매우 낮은 비중을 차지할 뿐입니다. 이렇게 낮은 장부상의 무형자산만으로 온라인 플랫폼의 적정 가치를 추정하는 데 한계가 있고, 특히 온전히 가상세계만을 담은 메타버스 플랫폼의 경우는 그 왜곡 현상이 클 수밖에 없을 것입니다.

따라서 장부상의 무형자산에서 다뤄지지 않는 숨겨진 가치인 히든밸류hidden value, 즉 원천 IP(지적재산권) 가치를 추정하는 것이 기업가치인 주가 흐름을 예측하는 데 필수적으로 필요합니다. 메타버스 플랫폼의 IP 가치를 정확하게 파악하기 위해 가장 이

(단위: 억 원, %)	2016	2017	2018	2019	2020
무형자산	1,121	3,395	3,070	3,414	1,051
자산총계	63,706	80,193	98,812	122,995	170,142
무형자산/자본총계	1.8	4.2	3.1	2.8	0.6

NAVER의 무형자산 비중 추이(자료: DART)

1부 메타버스가 만드는 부의 신세계

상적인 것은 액티브 유저Active User(활동 사용자)의 증가세와 이들이 사용하는 월 거래금액을 추적하는 것입니다. 그런데 문제는 이런 정보의 경우 공시 이전까지는 기업의 내부 정보라는 점입니다. 설령 실적 공시 때 IR 자료에 삽입된다고 하더라도 이미 1개 분기나 늦게 알게 된 후행 데이터이기 때문에 미래의 주가 예측에서 사용한다는 것은 적시성timeliness 측면에서는 뒷북이 될 것입니다. 또한 국내 게임사들은 여전히 IP 가치를 무형자산으로 계상하는 데는 상당히 보수적인 입장을 취하고 있습니다.

다음의 기사에서 보는 것처럼 소송을 통해 IP 가치가 수면 위

무엇보다 위메이드가 얻은 가장 큰 성과는 제대로 된 미르의전설2 IP의 가치평가를 진행했단 점이다. 보스턴컨설팅그룹은 최근 미르의전설2 등이 포함된 전기류 게임의 연간 시장 규모를 약 9조 4000억 원(550억위안)으로 추정했다. 미르 IP의 시장 규모는 약 6조 7000억 원(390억 위안)이며, 구체적으론 PC 게임 약 4200억 원, 모바일 게임 3조 7000억 원, 웹 게임 약 1조 5000억 원 등으로 파악했다. 여기엔 올해 7월 기준 미르의전설2가 정식 서비스 이후 약 20년이 지났음에도 꾸준히 가치가 상승하고 있다는 점, 이용자의 60% 이상이 30대 이상으로 10~20대 초반부터 10~15년 이상 전기류 게임을 꾸준히 즐기면서 탄탄한 팬덤fandom을 형성했다는 점 등이 근거였다. 상반기 기준 위메이드의 무형자산 규모는 산업재산권, 라이선스, 영업권, 기타의 무형자산 등을 모두 합쳐 약 89억 원에 불과하다. IP의 실제 가치와 게임사의 무형자산 평가 사이에 얼만큼의 괴리가 있는지 잘 알 수 있다.

자료: 더벨(2020.09.25), 〈위메이드, 긴 소송 끝에 미르 IP 가치 '7조' 확인〉

로 오르기도 하지만, 그렇다고 재무제표상 무형자산에는 잘 드러나지 않는 커다란 빙산에 일부만 보이는 격입니다.

수면 아래 드러나지 않은 숨겨진 커다란 빙산의 가치는 어떻게 측정해야 할까요? 만약 '스팀STEAM' 플랫폼에서 추계하는 실시간 액티브 유저 데이터처럼 주요 게임 플랫폼들이 일간 트래픽과 일간 거래금액을 제공한다면 이것은 IP 가치 측정에 있어서 가장 이상적일 것입니다. 참고로 스팀은 밸브코퍼레이션에서 개발하고 운영 중인 세계 최대 규모의 전자 게임 소프트웨어 유통망이나 게임 이용자의 일부를 반영하기 때문에 대표성에는 논란이 있을 수 있습니다.

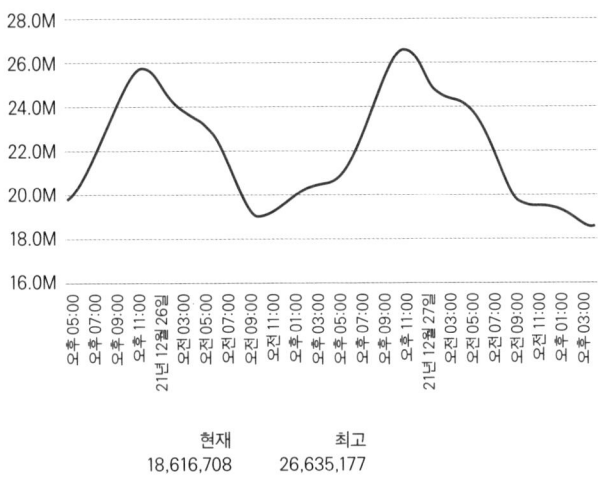

현재 접속 중인 스팀 사용자(최근 48시간)(자료: https://store.steampowered.com)

1부 메타버스가 만드는 부의 신세계

그러면 어떻게 이러한 한계점을 극복하며 무형자산 가치를 추적할 수 있을까요?

IP 가치를 추정하기 위해 텍스트마이닝 활용

이러한 IP 가치 추정의 난해함을 극복하고자 최근 비정형 데이터에서 통계적인 패턴을 찾아내는 텍스트마이닝text mining을 활용하고자 합니다. 텍스트마이닝이란 비정형 데이터인 유튜브, 카카오톡 메시지, 위치정보, 인터넷 게시물 등에서 무형의 관계를 찾고자 하는 과정인데, 이를 통해 통계적인 의미가 있는 특성을 추출하고, 더 나아가 패턴이나 추세 등의 정보까지 얻어내는 일련의 과정입니다. 일부 AI 펀드들의 경우 부정적인 검색어와 긍정적인 검색어를 통해 매수·매도가 조절되는 정도로 텍스트마이닝은 적시성을 고려한 투자 의사결정에는 좋은 대안이 되기도 합니다.

텍스트마이닝을 비교적 대중적이며 알기 쉽게 구현한 것이 구글 트렌드입니다. 그런데 구글 트렌드는 놀랍게도 여론조사도 틀린 2016년 브렉시트와 미국 대선 결과를 정확히 맞힌 것으로 대단한 명성을 얻기도 했습니다.

따라서 텍스트마이닝의 보편적인 도구인 구글 트렌드를 통해 메타버스 플랫폼의 IP 가치를 추정해보고자 합니다. 2021년 메타버스 플랫폼 중 가장 논란이 컸던 위메이드를 구글 트렌드의 검색어로 넣어서 도출한 구글 트렌드의 1년간의 인덱스 값과 '위

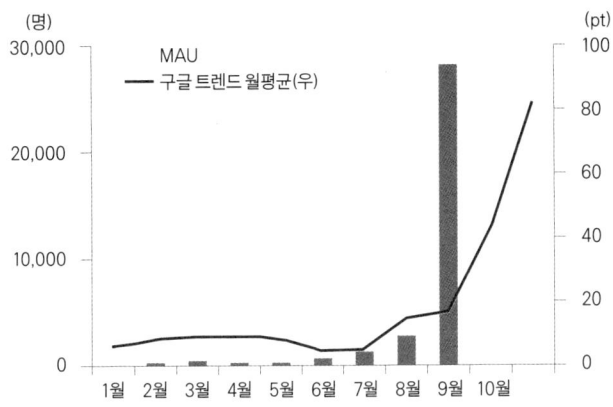

위믹스 플랫폼 MAU와 구글 트렌드 추이(자료: 위메이드 IR 자료, 구글 트렌드)

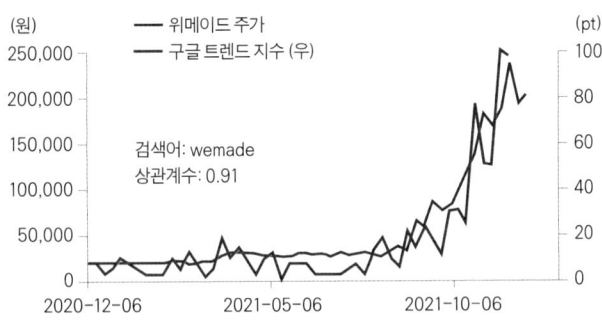

위메이드 주가와 구글 트렌드 추이(자료: 구글 트렌드, KRX)

1부 메타버스가 만드는 부의 신세계

믹스 플랫폼의 월간 활동 유저 수MAU' 및 '위메이드 주가(상관계수 0.91)'와는 일정하게 동행하는 것으로 나타났습니다. 이러한 결과는 위메이드 검색량의 증가를 곧 위메이드의 IP 가치 상승을 반영한 것이며, IP 가치 상승은 곧 기업가치로 즉각적으로 반영된다는 것을 보여주는 것입니다. 마치 앞서 봤던 구글 트렌드가 트럼프 당선과 브렉시트를 맞힌 것처럼 메타버스 플랫폼의 가치 추정에도 상당히 일가견이 있음을 추론할 수 있습니다.

이렇게 메타버스 플랫폼 관련 핵심 단어의 검색량 증가는 곧 해당 메타버스 플랫폼의 IP 가치 상승을 반영하고, IP 가치 상승은 곧 기업가치인 주가로 즉각 반영되는 현상은 위메이드 이외에도 NAVER(검색어: zepeto), 카카오게임즈(검색어: kakaogames) 등에서도 일정하게 나타나는 것을 확인할 수 있습니다.

실제로 텍스트마이닝을 투자전략으로 활용한 메타버스 펀드로 '삼성글로벌메타버스 펀드'가 있습니다. 동 펀드는 투자 유니버스 구성에 있어서 빅데이터 분석을 통해 해당 테마와 관련도 높은 종목을 발굴하는데, ① 각 테마별로 구글 검색 알고리즘(단어 분석, 웹페이지 관련성, 콘텐츠의 품질, 웹페이지의 활용도, 문맥)을 통해 나온 일련의 텍스트 정보를 취합하고, ② 자연어 처리를 통해 빈도수가 높고 연관성이 높은 종목들로 투자 유니버스를 구성한다고 합니다. 우리가 IP 가치 추정에 있어서 텍스트마이닝을 활용

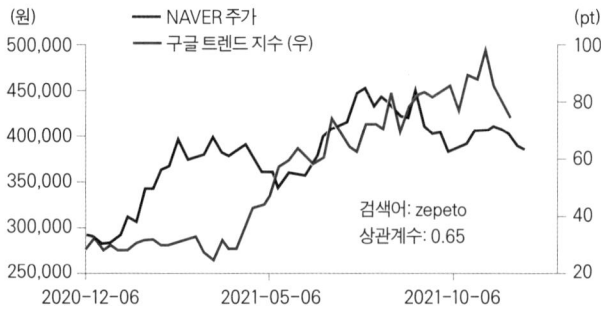

NAVER 주가와 구글 트렌드 추이(자료: 구글 트렌드, KRX)

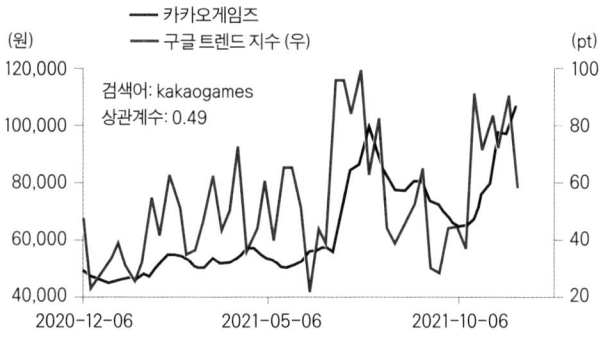

카카오게임즈 주가와 구글 트렌드 추이(자료: 구글 트렌드, KRX)

하는 것은 이미 실무적으로 사용되고 있고, 실제 성과와의 관련성 여부를 따지는 백테스트backtest상 괜찮은 투자 성과와 연관성이 클 것으로 추정할 수 있습니다(삼성글로벌메타버스 펀드에 대해서는 4장에서 상세하게 소개하도록 하겠습니다).

메타버스 플랫폼의 IP 가치 증가분을 반영한
새로운 평가 방법, 주가매출비율

PSR 이해하기

메타버스 플랫폼은 새롭게 등장한 신사업 부문이고, 주로 기존 인터넷 플랫폼-온라인 게임-엔터 기업들이 초기에 뛰어들었습니다. 기존 업종들도 성장주의 영역이고, 메타버스 플랫폼 자체가 이제 막 개화했기 때문에 역시 성장주로 볼 수 있습니다. 성장주는 지금 당장의 이익보다 시장점유율 확대를 통한 매출액 증가가 우선 과제입니다. 따라서 기업평가 방식 역시 순이익 중심의 주가수익비율PER보다는 매출액 중심의 주가매출비율PSR: Price Selling Ratio이 보다 합리적입니다. 일반적으로 기업수명주기상 도입기와 성장기 산업의 경우 PSR을 통해 고평가 여부를 가늠하는 것이 업계에서도 일반적인 방법론이기도 합니다.

주가매출비율

= 주가(시가총액) / 매출액

주가매출비율PSR이란 주가를 주당 매출액으로 나눈 것으로 기업의 성장성에 주안점을 두고 상대적으로 저평가된 주식을 발굴하는 데 이용하는 성장성 투자지표를 말한다. PSR이 낮을수록 저평가됐다고 본다.

———————————————————————————————

　매출액 1000억 원 회사의 시가총액이 5000억 원이면 PSR은 5배입니다. 즉 현재 기업가치는 매출이 일정하다는 가정 하에 5년치 매출액을 반영했다는 것입니다. 이렇게 PSR은 기업가치를 매출액 기준으로 평가하는 밸류에이션valuation 기법입니다. 아무래도 성장주들은 '당장 남겨먹는 돈'인 이익보다는 먼저 시장점유율을 높여서 미래 성장잠재력을 끌어올려야 합니다. 따라서 성장 가치를 측정하기 위해서는 순이익보다 매출액이 보다 적절하다고 볼 수 있습니다. 특히 성장주들의 경우 성장 초기에는 브랜드 구축과 시장점유율 확대를 위한 각종 투자비용과 마케팅비용이 막대하게 투입되기 때문에 순이익은 굉장히 낮을 수밖에 없으니 순이익으로 보면 매력도가 떨어져 보이는 점도 다른 이유가 될 것입니다.

　대표적으로 아마존의 경우 창업 이후 오랫동안 대단히 낮은 영업이익률을 보였는데, 이것은 낮은 마진을 통해 시장점유율을 높이기 위한 당시 인터넷 플랫폼의 경영전략이었고, 결국 그 전략을 통해 오늘날 전자상거래의 거대공룡 아마존이 있게 된 것입니다. 2014년 이전 아마존의 영업이익률은 0~2% 수준에 불과했지만, 2015년 이후에는 6% 수준까지 빠르게 개선됩니다. 즉 초기에는 낮은 마진으로 시장을 장악한 이후 점차적으로 마진 개선을 추구하는 방향으로 가고 있음을 보여주는 것입니다. 그렇다면 초기 아마존과 같은 성장주를 발굴할 때 순이익 기준으로 잣대를 적용했다면 어떤 투자 의사결정을 했을까요? 아마 아마존 투자를 단행하기 어려웠을 겁니다. 2015년 아마존의 PER은 무려 909배였고, 당시 일각에서는 순이익 대비 고평가 논란이 컸습니다. 더 쉽게 풀이하자면 PSR은 권리금의 적정성을 분석하는 것과 같습니다. 메타버스라는 가상공간에 대한 권리금을 분석한다고 보면 되는데요. 가상공간에서 발생하는 이익을 벌써 따질 때가 아니니 전체 매출 규모로 성장성을 보는 것이 합리적입니다. 메타버스 플랫폼의 권리금을 높일 수 있는 방법은 어떻게든 메타버스로 유입되는 사용자 수를 늘려야 하는 것이고, 그렇게 늘어난 유저들에

Calendar	2014	2015	2016	2017	2018	2019	2020	2021
909.08								
Price/Sales	1.82	3.04	–	3.57	3.22	3.50	4.79	3.80
■Pice/Earnings	–	909.08	–	297.96	79.87	82.08	95.85	66.18
■Price/Cash Flow	27.15	31.10	–	35.37	26.69	26.33	30.15	31.80
—Price/Bool	15.06	24.46	–	22.99	17.90	16.33	19.92	14.23
Pricce/Forward Earnings	–	86.96	–	129.87	52.91	58.14	61.73	52.91

아마존의 밸류에이션 추이(자료: 모닝스타)

게 뭔가 소비하거나 놀도록 유발함으로써 거래대금이 상승하도록 만들어야 하는 것이죠. 그러면 유동인구 수가 많은 지역의 권리금과 임대료가 올라가는 것처럼 PSR 역시 상승할 것입니다.

네이버금융으로 PSR 구하는 방법

1. 결산기준 PSR

네이버금융에서 종목명 NAVER 검색 → 중단탭에서 종목분석 → 바로 중단탭 아래탭에서 투자지표 → 하단부에서 가치분석 → PSR 클릭하면 사용된 데이터 확인

* 단위 : 억원, %, %p, 배 · 분기 : 순액기준

항목	2016/12 (IFRS연결)	2017/12 (IFRS연결)	2018/12 (IFRS연결)	2019/12 (IFRS연결)	2020/12 ⊕ (IFRS연결)	전년대비 (YoY)
⊕ EPS	4,546	4,689	3,937	3,538	6,097	72
⊕ BPS	24,957	32,429	35,847	39,913	49,961	25
⊕ CPS	7,063	5,703	5,907	8,233	8,806	7
⊕ SPS	24,407	28,386	33,898	26,431	32,274	22
⊕ PER	34.09	37.10	30.99	52.72	47.97	-9.00
⊕ PBR	6.21	5.37	3.40	4.67	5.85	25.29
⊕ PCR	21.95	30.51	20.65	22.65	33.22	46.63
⊟ PSR	6.35	6.13	3.60	7.06	9.06	28.45
보통주수정주가(기말)< 당기 >	155,000	174,000	122,000	186,500	292,500	
SPS< 당기 >	24,407	28,386	33,898	26,431	32,274	
⊕ EV/EBITDA	17.84	18.40	14.34	17.38	26.97	55.12
⊕ DPS	226	289	314	376	402	7
현금배당수익률	0.15	0.17	0.26	0.20	0.14	-0.06
현금배당성향(%)	4.35	5.50	7.07	9.38	5.92	-3.46

(자료: 네이버금융)

2. 예상 실적(2022년) 기준 PSR

네이버금융에서 종목명 NAVER 검색 → 중단탭에서 종목분석 → 바로 중단

탭 아래탭에서 컨센서스 → 상단부에서 주가 & 컨센서스 → 2022.12(E) 매출

액 데이터 사용 → 우측 상단에서 시가총액 데이터 사용

재무연월	매출액 (억원)	YoY (%)	영업이익 (억원)	당기순이익 (억원)	EPS (원)	BPS (원)	PER (배)	PBR (배)	ROE (%)	EV/EBITDA (배)	주재무제표
2017.12(A)	46,784.7	16.30	11,791.9	7,728.8	4,689	32,429	37.10	5.37	18.50	18.40	IFRS연결
2018.12(A)	55,869.0	19.42	9,425.3	6,488.1	3,937	35,847	30.99	3.40	12.97	14.34	IFRS연결
2019.12(A)	43,562.4	-22.03	11,550.3	5,830.5	3,538	39,913	52.72	4.67	10.56	17.38	IFRS연결
2020.12(A)	53,041.5	21.76	12,153.4	10,020.9	6,097	49,961	47.97	5.85	15.22	26.97	IFRS연결
2021.12(E)	67,799.5	27.82	13,607.7	165,995.3	101,068	159,384	3.34	2.12	106.59	28.14	IFRS연결
2022.12(E)	82,927.9	22.31	17,419.6	18,258.1	11,130	170,746	30.37	1.98	7.41	22.22	IFRS연결
2023.12(E)	98,558.9	18.85	21,958.5	21,833.5	13,309	184,717	25.40	1.83	8.23	17.93	IFRS연결

* (A)는 실적, (E)는 컨센서스

(자료: 네이버금융)

메타버스 기업 가치평가의 새로운 시도, PSG

앞서 주가매출비율PSR을 살펴봤습니다. 그런데 PSR로 고평가를 가늠할 때 근원적인 문제점을 제기하고자 합니다. "권리금이 비싼 상가는 반드시 피해야 할 나쁜 투자 대상인가?"

물론 PSR이 고평가라는 것은 매출액 대비 주가가 동종 기업 및 해당 기업의 역사적 수준에 비해 너무 비싸다는 것이니 조심하라는 신호인 것은 분명합니다. 다만 권리금이 비싼 것에는 뭔가 그럴 만한 이유가 있다는 것이 논리적으로 소명된다면 그것까지 포함해서 이해의 폭을 넓히면 더 좋을 것입니다. 여기에 이론적인 굿 아이디어를 제공한 분이 바로 전설적인 펀드매니저 피터 린치Peter Lynch입니다. 그는 'PEG'라는 개념을 통해 PER 자체보다는 현 PER이 과연 이익증가 대비해서 합당한지를 한 번 더 따졌는데요.

PEG = PER / 연간 EPS증가율

- PER 자체로 저평가 여부를 가리는 것에서 현재 PER은 주당순이익의 증감 대비 저평가된 것인지를 따지는 방법
- 전설적인 투자자 피터 린치는 PER가 0.5 아래에서 매수하고, 1.5 이상인 경우 매도하라는 전략을 제시하기도 했음

우리 역시 '메타버스 기업 PSR의 고평가 여부를 IP 가치 증가분 대비 적정한가'로 한 번 더 근원적으로 묻고자 합니다. 앞서 구글 트렌드의 유용성을 길게 설명했는데 이를 반영하여 IP 가치 증가분의 대용치proxy로 '구글 트렌드의 연간 증감률'을 사용했습니다. 이 접근 방법은 필자가 처음으로 도입한 방법론으로서 PSR를 구글 트렌드(G)로 나눈 값이므로 'PSG'라고 명명하고자 합니다. 과연 현재의 PSR은 IP 가치 증가분 대비 적정한지를 평가할 수 있는 방법론으로서 메타버스 플랫폼의 IP 가치 증가분을 반영하여 적정 밸류에이션을 따져보고자 한 것입니다.

PSG = PSR / 구글 트렌드 연간 증감률

PSR = 시가총액 / 2022년 예상 매출액

PSG(PSR/G)로 살펴보는 메타버스 기업

이렇게 PSG 분석을 메타버스 기업에 적용한 것이 다음의 도표입니다. PSG 기준으로 매력적인 메타버스 기업은 ① 위메이드 (1.5), ② NAVER(4.1), 그리고 그다음으로는 크래프톤(5.1)과 카카오게임즈(5.1)가 위치하고 있습니다. 이에 반해 하이브(25.4)와 펄어비스(12.8)는 구글 트렌드의 연간 증감률은 앞선 기업들보다 낮은 수준을 나타내면서 PSG 값도 높은 수준을 유지 중인 것으로 나타났습니다. 즉 IP 가치 증분 대비 PSR 측면에서의 매력도는 다소 떨어진다고 볼 수 있습니다.

분자(2022년 예상 PSR)와 분모(구글 트렌드 연감 증감률) 모두 업데이트 주기를 빈번하게 활용할 수 있으므로 상대적인 매력도를 측정하는 대안적 수단이 될 수 있습니다.

종목명	PSR(배)	구글 트렌드 연간 증감률(G)	PSR / G	연초 대비 수익률
하이브	7.8	30.6	25.4	130.1
펄어비스	10.2	80.2	12.8	153.0
엔씨소프트	4.6	82.4	5.6	-26.9
카카오게임즈	5.7	112.5	5.1	114.4
크래프톤	7.5	148.6	5.1	10.8
NAVER	7.7	188.7	4.1	30.3
위메이드	12.1	822.0	1..5	912.9
넷마블	3.1	-20.5	-14.9	-11.0

PSG 도출 결과(자료: 리딩투자증권)

메타버스 히든밸류를 찾아서 ②: 확장의 전진기지, 잉여현금흐름

METAVERSE

타임머닝을 타고 2000년 4월 27일로 가보겠습니다. 이날 소공동 롯데호텔에서는 이해진의 네이버컴과 김범수의 한게임 간의 역사적인 합병, 훗날 시가총액 3위에 등극하게 되는 한국의 대표 인터넷 플랫폼 NAVER가 탄생하는 순간이었습니다. 2000년 당시 네이버컴의 매출은 88억 원에 불과했으나, 2020년 NAVER 매출은 5조 3041억 원, 영업이익은 1조 2153억 원에 달합니다. 20년 만에 무려 600배 넘게 성장하는 기염을 토했습니다.

그렇다면 NAVER는 어떻게 20여 년의 시간 동안 이러한 엄청난 성장을 이뤄냈을까요?

여러 가지 요인 중에서도 합병 초기 '한게임의 캐시카우 역할'에 주목해야 합니다. 합병 이전 네이버컴은 검색엔진의 기술력을 인정받아 100억 원의 투자를 유치하기도 했지만, 현재 최고의 수익 모델인 검색광고가 등장하기 전이었기 때문에 뚜렷한 수익 모델이 부재한 상황이었습니다. 더구나 야후, 다음 등 막강한 선두주자에 가려진 4위 업체로 힘겨운 싸움을 벌이던 시기였습니다. 그런데 합병을 통해 한게임의 현금창출력을 바탕으로 NAVER는 검색엔진의 막강한 경쟁자들을 차례로 제치기 시작했고 비로소 현재의 위치를 차지하게 되었습니다.

결국 인터넷 플랫폼의 성공 공식은 현금창출력이 우수한 캐시카우 사업부문을 병참기지 삼아 인터넷 플랫폼의 중원인 검

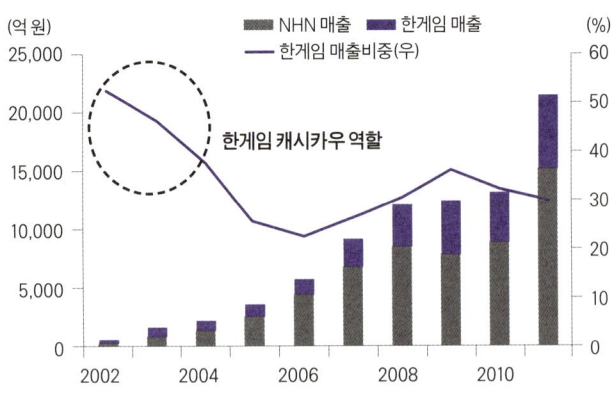

NHN과 한게임의 매출 추이(자료: 전자신문)

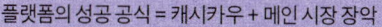

플랫폼의 성공 공식 = 캐시카우 + 메인 시장 장악

NAVER = 한게임의 현금창출력 + 검색시장 제패

메타버스 역시 확장의 전진기지, FCF 관건

메타버스 플랫폼 기업의 성공 공식(자료: 리딩투자증권)

색엔진 시장을 장악하면서 성장동력을 오래도록 유지했습니다. 2000년대 중반 국내 인터넷 플랫폼의 치열했던 출혈 경쟁은 향후 메타버스 기업들에도 좋은 반면교사反面敎師입니다. 잉여현금흐름FCF의 병참기지가 미약했던 프리챌, 싸이월드는 결국 현금 보급로가 끊겨서 좌절을 맛봤지만, NAVER는 그렇지 않았습니다.

결국 메타버스 2라운드는 남들보다 몸집을 빨리 불릴 수 있는 규모의 경제economy of scale를 달성하느냐에 달려 있습니다. 그러려면 캐시카우cash cow를 바탕으로 괜찮은 메타버스 플랫폼으로 도약할 수 있도록 기여할 만한 좋은 기업을 인수합병M&A할 수 있느냐에 달려 있고, 이는 현금흐름cash flow의 우위에서 중기적으로는 판가름 날 것입니다. 이를 측정하기 위해 다음의 두 가지 기준을 사용하여 옥석을 가리고자 합니다.

- FCF / 시가총액

- PCR(= 주가 / 주당현금흐름)

잉여현금흐름

잉여현금흐름FCF: Free Cash Flow이란 철저히 현금 유출입만을 따져 돈이 현재 얼마나 남아 있는지를 설명하는데, 기업이 주된 사업으로 벌어들인 돈 중 세금과 영업비용, 설비투자액 등을 제외하고 남은 현금입니다. 회계학에서는 영업활동현금흐름과 투자활동현금흐름을 합한 것과 같다고도 합니다. 잉여현금흐름은 배당금 또는 기업의 저축, 인수합병, 자사주 매입 용도로 사용할 수 있습니다. 하지만 잉여현금흐름이 적자로 전환하면 해당 기업은 외부에서 자금을 조달해야 합니다.

잉여현금흐름 = 당기순이익 + 감가상각비 - 고정자산증가분

- 순운전자본증가분

네이버금융으로 FCF 구하는 방법

예상 실적 기준(2021) FCF

네이버금융에서 종목명 NAVER 검색 → 중단탭에서 종목분석 → 바로 중단

탭 아래탭에서 기업현황 → 중단부에서 Financial Summary → 하단부에서

FCF 데이터 확인→ 우측 상단에서 시가총액 데이터 사용

Financial Summary 주재무제표 ✓ 검색 IFRS ⑦ 산식 ⑦ • 단위 : 억원, %, 배, 주　• 분기 : 순액기준

주요재무정보	연간			⊖	분기			⊖
	2018/12 (IFRS연결)	2019/12 (IFRS연결)	2020/12 (IFRS연결)	2021/12(E) (IFRS연결)	2021/03 (IFRS연결)	2021/06 (IFRS연결)	2021/09 (IFRS연결)	2021/12(E) (IFRS연결)
매출액	55,869	43,562	53,041	67,800	14,991	16,635	17,273	18,887
영업이익	9,425	11,550	12,153	13,608	2,888	3,356	3,498	3,857
영업이익(발표기준)	9,425	11,550	12,153		2,888	3,356	3,498	
세전계속사업이익	11,117	13,913	16,336	47,615	4,249	6,471	4,950	5,616
당기순이익	6,279	3,968	8,450	165,951	153,145	5,406	3,227	3,834
당기순이익(지배)	6,488	5,831	10,021	165,995	153,105	5,277	3,319	4,155
당기순이익(비지배)	-209	-1,862	-1,571		40	129	-92	
자산총계	98,812	122,995	170,142	333,259	304,310	316,949	329,609	333,259
부채총계	39,320	57,956	87,591	87,916	79,978	84,312	87,551	87,916
자본총계	59,491	65,039	82,551	245,343	224,332	232,637	242,058	245,343
자본총계(지배)	52,403	58,052	73,672	237,789	220,855	228,186	237,352	237,789
자본총계(비지배)	7,089	6,987	8,879		3,477	4,451	4,706	
자본금	165	165	165	163	165	165	165	163
영업활동현금흐름	9,735	13,568	14,472	71,863	1,967	3,434	3,296	
투자활동현금흐름	-3,883	-10,781	-25,032	-104,277	-118,903	-11,401	-10,235	
재무활동현금흐름	7,510	523	11,921	55,334	106,299	5,313	463	
CAPEX	5,350	4,359	7,594	6,707	2,562	2,359	1,880	
FCF	4,385	9,209	6,878	20,627	-595	1,075	1,416	

자료: 네이버금융

주가현금흐름비율

주가현금흐름비율PCR: Price Cash flow Ratio을 통해 현재 주가가 현
금흐름 대비 저평가인지 고평가인지를 가늠할 수 있습니다. 만약
저평가되었다면 양호한 자금창출력으로 투자 여력이 양호하다
는 것을 뜻하는 것이므로 중장기적인 확장 가능성이 충분한 것
으로 해석할 수 있습니다. 또한 재무안정성이 높아 부도 위험도
적은 안정성이 큰 기업입니다. 재무상태표에 나타난 사내 유보금
과 사외로 유출되지 않는 비용인 감가상각비의 합계를 해당 회
사의 현금흐름이라 할 수 있습니다. 이를 발행된 주식 수로 나눈
것을 주당현금흐름CPS이라 하고 주가를 이 주당현금흐름으로 나
눈 값이 바로 주가현금흐름비율PCR입니다. 분모인 주당현금흐름

1부 메타버스가 만드는 부의 신세계

은 이익잉여금이나 자본잉여금이 많을수록, 감가상각비가 클수록 커지기 때문에 주당현금흐름은 곧 그 기업의 자금 창출 능력을 나타낸다고 볼 수 있습니다.

주가현금흐름비율 = 주가 / 주당현금흐름

네이버금융으로 PCR 구하는 방법

결산실적 기준(2020) PCR

네이버금융에서 종목명 NAVER 검색 → 중단탭에서 종목분석 → 바로 중단탭 아래탭에서 투자지표 → 하단부에서 가치분석 → 하단부에서 PCR 데이터 확인

• 단위 : 억원, %, %p, 배   • 분기 : 순액기준

항목	2016/12 (IFRS연결)	2017/12 (IFRS연결)	2018/12 (IFRS연결)	2019/12 (IFRS연결)	2020/12 ⊕ (IFRS연결)	전년대비 (YoY)
⊞ EPS	4,546	4,689	3,937	3,538	6,097	72
⊞ BPS	24,957	32,429	35,847	39,913	49,961	25
⊞ CPS	7,063	5,703	5,907	8,233	8,806	7
⊞ SPS	24,407	28,386	33,898	26,431	32,274	22
⊞ PER	34.09	37.10	30.99	52.72	47.97	-9.00
⊞ PBR	6.21	5.37	3.40	4.67	5.85	25.29
⊟ PCR	21.95	30.51	20.65	22.65	33.22	46.63
보통주수정주가(기말) < 당기 >	155,000	174,000	122,000	186,500	292,500	
CPS < 당기 >	7,063	5,703	5,907	8,233	8,806	
⊞ PSR	6.35	6.13	3.60	7.06	9.06	28.45
⊞ EV/EBITDA	17.84	18.40	14.34	17.38	26.97	55.12

⊕ DPS	226	289	314	376	402	7
현금배당수익률	0.15	0.17	0.26	0.20	0.14	-0.06
현금배당성향(%)	4.35	5.50	7.07	9.38	5.92	-3.46

자료: 네이버금융

다음의 메타버스 기업군(메타버스 ETF 주요 편입 종목 기준)은 기존 비즈니스 모델을 통한 일정 수준의 잉여현금 창출 능력을 보유한 기업군들인데요. 이 중에서도 상대적인 우수성을 가려내기 위해 앞서 설명했던 두 가지 기준을 적용하여 'FCF / 시가총액', 'PCR(= 주가 / 주당현금흐름)' 측면의 우수기업군을 선별했습니다.

그 결과,

(엔터) 제이콘텐트리, CJ ENM, 에스엠

(게임) 엔씨소프트, 카카오게임즈, 크래프톤

등이 양호한 것으로 나타났습니다. 이러한 현금창출력은 앞서 살펴봤던 PSR를 IP 가치의 증가분과 비교했던 PSG보다 중기적 관점의 선별 기준으로 볼 수 있습니다.

종목명	FCF(억 원)	FCF / 시가총액(%)	PCR(배)
LG디스플레이	19,679	26.8	1.3
LG이노텍	8,125	11.7	4.1
제이콘텐트리	1,046	11.1	8.7
CJ ENM	3,142	9.9	3.9
에스엠	1,127	6.8	14.2
엔씨소프트	7,754	5.1	16.6
아프리카TV	1,095	4.7	19.3
와이지엔터테인먼트	477	4.6	18.3
위지윅스튜디오	182	4.6	76.0
카카오게임즈	3,235	4.2	25.2
크래프톤	10,127	4.1	19.5
JYP Ent.	664	4.0	26.9
위메이드	2,218	3.3	38.5
펄어비스	2,700	3.1	26.3
카카오	12,562	2.3	40.1
NAVER	13,147	2.1	25.8
넷마블	2,005	1.9	20.5
하이브	2,267	1.6	43.8
덱스터	143	1.5	70.4

잉여현금흐름 등 현금흐름 중심의 우수기업군 선별(자료: 리딩투자증권)

메타버스 히든밸류를 찾아서 ③: 크립토와의 시너지

METAVERSE

메타버스를 활용한 은퇴설계를 해봅니다. 글로벌 메타버스 플랫폼이자 삼성전자도 입점한 디센트럴랜드에서 MANA 코인으로 가상 부동산을 구매하고, 그곳에 내 아바타가 운용할 메타버스 박물관을 설립합니다. 지금부터 전시할 만한 NFT를 꾸준히 구매하여 메타버스 박물관을 잘 준비합니다. 메타버스 박물관이 개관하면 내 NFT를 전시하고 판매까지 하며, 박물관 입장료와 판매 시에 MANA 코인을 받습니다. 박물관 입장료는 현실의 나에게는 배당소득 혹은 연금소득과 같은 역할을 할 것이고, NFT 거래나 가상 부동산 매각은 양도소득과 같은 자본차익 역할을

① 디센트럴랜드의 소더비 가상 갤러리
  (자료: decentraland.org)
② 스페이셜의 가상 갤러리
  (자료: spatial.io)
③ VOMA의 가상 미술관 내
  (자료: visit.voma.space)

메타버스에서 운영되는 다양한 형태의 박물관들

할 것입니다. 물론 메타버스 박물관장인 내 아바타는 메타버스 비접속인 경우도 AI에 의해 사전에 미리 입력한 방식에 맞춰서 박물관 투어 시 다른 아바타들에게 작품 설명을 해주고, NFT의 거래까지도 사전에 예약한 매도 가격을 전달하여 흥정하도록 지시할 수 있습니다.

결국 메타버스 내에서의 경제활동은 가상공간의 사이버 머니인 크립토, 즉 가상화폐에 의해 거래 활동이 이뤄집니다. 메타버스 플랫폼에서 크립토와의 연결고리가 없다면 사실상 가상세계의 경제활동을 억제하는 결국 반쪽짜리 메타버스가 될 가능성이 큽니다. 따라서 메타버스 속 세상이 경제체제상 자본주의라면 크립토는 반드시 동반되어야 할 도구임은 틀림없습니다. 그리

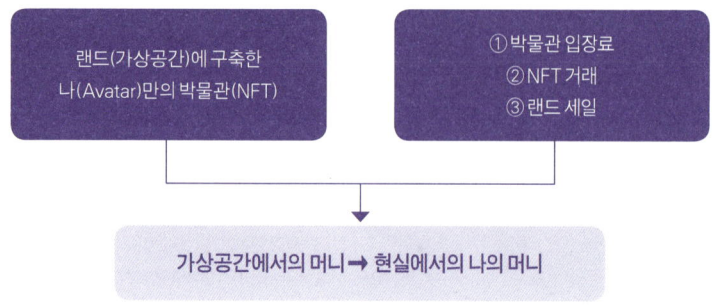

메타버스를 활용한 은퇴설계: 메타버스 박물관장

고 크립토 시스템을 통해 거래되는 가상공간의 사이버 머니는 현실에서의 나의 머니로 전환되어 나의 메타버스를 활용한 은퇴설계는 완성이 될 것입니다.

물론 가상자산의 높은 변동성을 감안할 때 과연 메타버스 경제 생태계에 적용할 만한 교환수단으로 적당한가에 관한 논란이 있을 수 있습니다. 이에 대해 아직 완벽하지는 않지만 그래도 2017년의 교훈을 바탕으로 한계점을 보완 중이라고 판단됩니다.

첫째, 기술적으로 메타버스, NFT, 디파이 등 크립토(가상화폐)의 용도가 세분화되고 전문화되고 있습니다. 2017년 탈중앙화 모토로 생성된 이더리움 중심의 디앱Dapp 열풍은 실제 사용자의 니즈에 맞도록 진화된 것입니다. 크립토가 과연 우리의 현실에 도움이 될 것인가의 물음표에 대한 답이 나름대로 선명해진 것으로 이해할 수 있습니다.

가상자산의 행보: 비트코인 추이(자료: Bloomberg)

　둘째, 선진국 기관 투자자 중심의 매수세가 유입되면서 추후 변동성은 과거 대비 완화될 가능성이 있습니다. 2017년 랠리의 경우 수급적으로 중국과 러시아 등 신흥국 개인 중심이었던 점과 큰 차별화 포인트가 생긴 것입니다. 크립토의 기관화 현상을 상징적으로 보여주는 것이 바로 2021년 11월에 출시된 최초의 비트코인 선물 ETF인 ProShares Bitcoin Strategy ETF(BITO)가 그것입니다. 미국 현지 운용사의 비트코인 ETF 신청이 봇물을 이룰 정도로 기관 투자자들의 요청이 컸고, 이를 미국 금융당국(SEC)이 호응했다는 점에서 큰 의미가 있습니다. 이에 따라 미국 금융권은 크립토 관련 사업을 본격적으로 정비하고 각종 인프라(수탁 등)와 상품화를 빠르게 전개하고 있습니다.

최초의 비트코인 선물 ETF, ProShares Bitcoin Strategy ETF(BITO) (자료: 모닝스타)

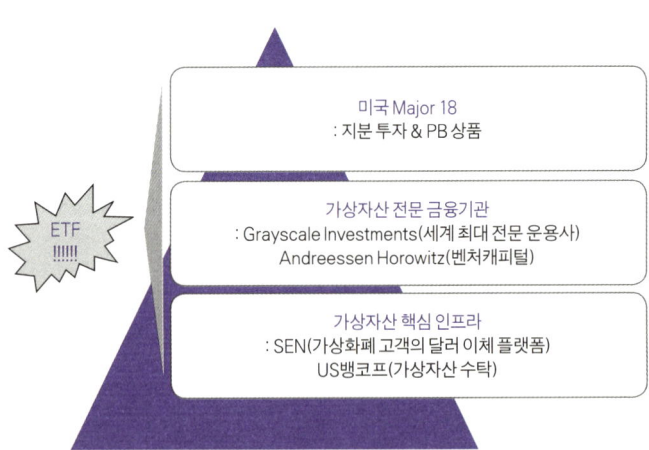

미국 금융권의 크립토 사업: 기관화의 피라미드 완성 (자료: 리딩투자증권)

셋째, 미국 금융당국을 비롯한 전 세계 주요국의 크립토(가상화폐) 정책은 실체를 인정하고 제도권으로 편입하려는 시도가 본격화되고 있습니다. 특히 미국의 몇몇 지자체(뉴욕과 마이애미)는 경쟁적으로 크립토 친화정책을 내세우며 시티코인을 통한 지역사회의 활력을 제공하려는 시도도 나타나고 있습니다. 대표적으로 뉴욕시장 에릭 애덤스는 취임 이후 첫 3개월 급여는 비트코인으로 받겠다고 했고, 뉴욕시티코인 채굴 및 스테이킹 개시 등으로 마이애미와 유사하게 크립토를 통한 경제 활성화를 시도하고 있습니다. 더 극단적인 사례로 엘살바도로 대통령인 1981년생 나이브 부켈레는 아예 법정화폐로 달러에 추가적으로 비트코인을

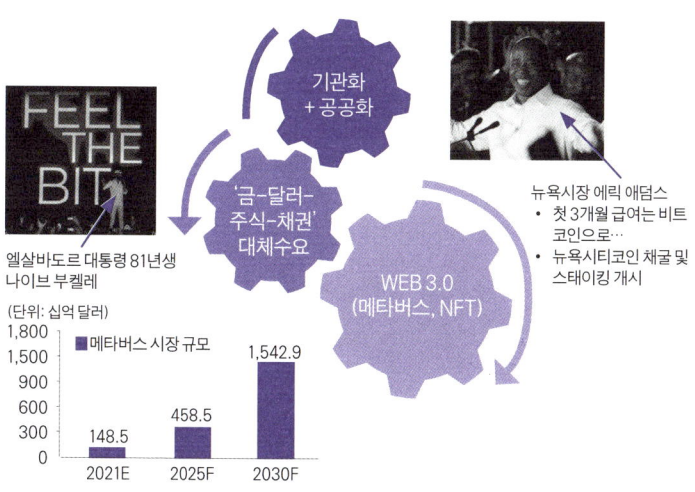

크립토의 핵심 변수(자료: 리딩투자증권)

포함시켰으며, 화산지열로 비트코인을 채굴하려는 정책까지 추진 중입니다.

결국 웹 3.0(메타버스, NFT 등), 기관화 및 공공화, 여기에 비트코인 채굴량이 유한하다는 측면에서 금에 대한 대체 수요까지 일부 제기되는 등 크립토에 대한 관심은 2017년에 비해서는 상당 부분 진일보한 것으로 평가됩니다. 비트코인의 공급량은 2100만 개로 제한돼 있으며 현재 83% 이상 채굴이 진행되었다고 합니다. 2040년이 되면 비트코인의 채굴은 99% 이상 완료되어 추가 공급이 중단될 것으로 예상되는데, 사실상 금보다도 빠르게 공급이 종료되는 것입니다. 세계 금 위원회 추정으로 역사적으로 20만 1296톤의 금을 채굴했고, 남은 매장량은 5만 3000톤으로 약 20% 정도 남아 있다고 합니다.

물론 진정한 웹 3.0에 대해 아직 크립토 구루guru들 간의 격렬한 논쟁이 벌어질 정도로 완벽하게 정립된 개념이라기보다는 기존 웹 2.0 기반의 플랫폼 기업들에 대한 변화와 혁신의 촉매제가 될 키워드로 판단됩니다. 따라서 2021년 메타버스 및 NFT 열풍에서 보다 진화하여 ① 플랫폼 이용자-개발자들과 상생할 수 있는 메타버스 생태계 구축, ② NFT-디파이 등을 통해 기존 사업과 크립토의 시너지 확대, ③ 웹 3.0을 지원할 고도의 IT 인프라 수요 확대와 이에 따른 메타버스 플랫폼 기업들의 수혜 등으로

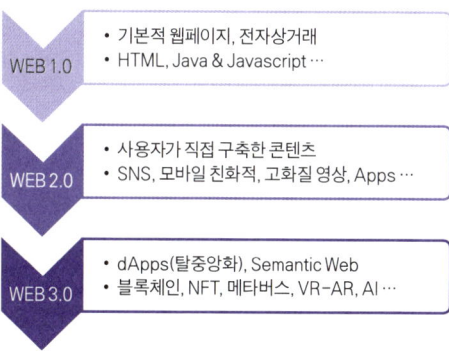

WEB 1.0	• 기본적 웹페이지, 전자상거래 • HTML, Java & Javascript …
WEB 2.0	• 사용자가 직접 구축한 콘텐츠 • SNS, 모바일 친화적, 고화질 영상, Apps …
WEB 3.0	• dApps(탈중앙화), Semantic Web • 블록체인, NFT, 메타버스, VR-AR, AI …

웹 3.0으로의 빠른 진화 시도 예상(자료: 리딩투자증권)

파급 경로를 면밀하게 살펴봐야 할 것입니다.

이렇게 크립토의 쓰임새가 보다 다양하고, 보유하려는 사람들이 중장기 투자자이며, 제도권에서도 이전보다 너그러워졌다면 크립토 가격의 정보 효율성은 이전보다 개선될 것입니다. 즉 메타버스의 펀더멘털에 해당하는 적극적인 액티브 유저와 그들의 거래 규모, 주요 기업 및 유명인의 랜드세일(가상 부동산 판매) 및 입점 여부, 콘텐츠의 양과 질을 대변할 NFT의 생성량 및 가격 수준, 기관 투자자의 비중 등에 따라 크립토 가격도 연동될 것입니다. 이는 곧 메타버스 플랫폼 기업의 주가 역시 궤를 함께하는 것으로서, 그렇다면 메타버스 플랫폼 기업은 주가(기업가치)와 코인 가격(가상화폐 가치)는 동행할 것으로 추정할 수 있습니다.

지난 1년간 크립토 가격은 곧 메타버스 플랫폼의 기업가치와 대체로 상관성을 가지는 것으로 나타났습니다. 위메이드-위믹스 간의 상관계수는 무려 0.9를 나타냈고, 다날-페이코인은 0.7, 카카오게임즈-보라는 0.6, FSN-식스는 0.5 등으로 주가-코인 간 정(+)의 상관계수를 나타냈습니다.

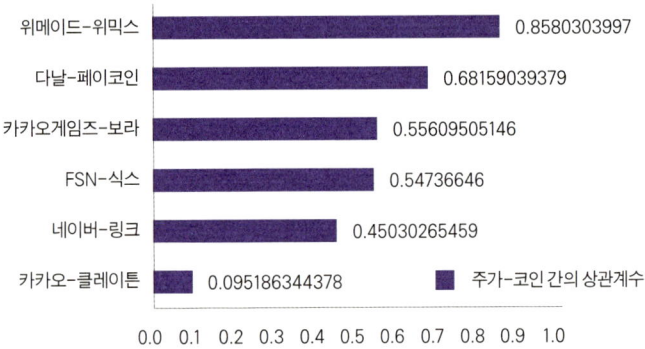

크립토 가격은 곧 메타버스 플랫폼의 가치(참고: 상관계수 1은 양 변수가 동일하게 움직이는 것을 뜻함)

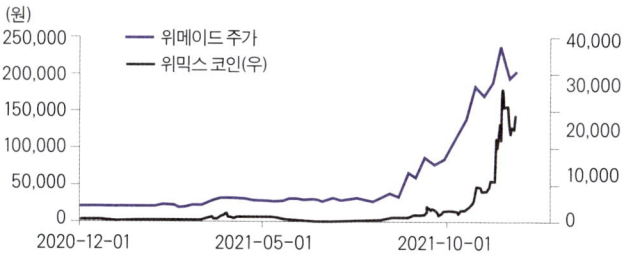

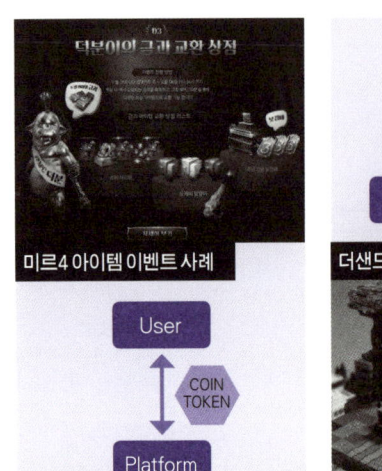

코인의 역할 사례: 중앙화된 미르4 vs. 탈중앙화된 더샌드박스(자료: 위메이드 및 더샌드박스 홈페이지)

4장

리스크는 낮게 수익은 높게, 펀드(ETF)로 메타버스 투자하기

METAVERSE

이번 장에서는 이제까지 언급했던 '메타버스 투자'에 대한 각종 방법론과 종목 선택stock selection 아이디어가 실제 펀드(ETF)에서는 어떻게 구현되는지를 살펴볼 것입니다. 특히 운용 자산 규모 AUM나 시가총액 등이 큰 대표적인 메타버스 펀드(ETF)를 중심으로 분석하면서, 간접투자 시장에서 인기를 끌고 있는 메타버스 펀드의 특징을 자세히 파고들어 보겠습니다. 그리고 후반부에서는 메타버스 펀드(ETF)의 투자 포트폴리오를 구성하는 주요 종목들이 현재 어떻게 메타버스와의 시너지를 추구하는지도 알아볼 것입니다.

참고로 펀드는 패시브 펀드passive fund와 액티브 펀드active fund로 구분되는데 여기서도 두 가지로 나눠서 살펴볼 것입니다. 패시브 펀드를 직역하면 '소극적' 펀드가 될 것인데, 특정 시장·섹터·

테마 관련 인덱스를 복제하기 위한 일명 '따라쟁이' 펀드입니다. 상장지수펀드, ETF가 대표적으로 여기에 속하는데, 일반 인덱스 펀드와 달리 주식시장에서 자유롭게 거래할 수 있다는 점에서 차이가 있습니다. 한편 액티브 펀드를 직역하면 '적극적' 펀드인데, 벤치마크(인덱스) 대비 초과수익률을 추구하는 펀드입니다.

물론 메타버스 꼬리표가 붙은 ETF나 액티브 펀드가 태동한 지 아직 초기 단계라는 점에서 1년 이내의 절대수익률에 대한 단순비교는 옥석을 가리는 데 한계가 있을 수 있습니다. 따라서 단기성과뿐만 아니라 해당 상품들의 현재 포트폴리오와 이러한 포트폴리오를 구성하게 하는 투자전략에 보다 유념하여 보시기를 추천드립니다.

국내 메타버스 ETF

METAVERSE

한국에서 가장 큰 K-메타버스 ETF:
KODEX K-메타버스액티브

2022년 1월 28일 기준 국내 메타버스 ETF 중에서 가장 큰 규모(시가총액 3813억 원)의 ETF는 바로 'KODEX K-메타버스액티브'입니다. 앞서 ETF는 주로 패시브 펀드에 속한다고 했는데, 이와는 모순되게 펀드명에 '액티브'가 달려 있는 점은 이 ETF의 성격을 잘 보여주고 있습니다. 이 ETF는 최근 몇 년간 각광을 받았던 액티브 ETF*입니다. 액티브 ETF는 비교지수는 추종하되, 투자종목 선택과 비중 조절을 적극적으로 조정할 수 있는 액티브 펀드의 특성도 동시에 가지고 있습니다. 따라서 액티브 ETF는 비교지수와의 상관계수 0.7 이상을 유지하는데, 이는 일반 ETF가 0.9 이상을 추구하는 것과 차이가 있습니다. 액티브 ETF는 비교지수 따라 하기 전략을 일반 ETF보다는 덜하는 대신, 적극적으로 알파 수익률을 추구합니다.

그래도 비교지수를 70% 이상은 추종한다는 점에서 동 ETF의 비교지수인 'FnGuide K-메타버스 지수'를 살펴보겠습니다. FnGuide K-메타버스 지수는 유가증권시장 및 코스닥 상장 종목 중 자체적인 기초 필터링을 통과한 종목들을 투자 가능 종목군(유니버스)으로 합니다. 그리고 유가증권시장 및 코스닥에 상장된 기업들에 대해 '메타버스' 키워드를 기반한 머신러닝machine learning을 통해, 종목별 '키워드 유사도 스코어링'을 통해 메타버스와 관련도가 높은 종목을 선정하여 구성한 지수입니다. 비교

---

* 성장주를 적극적으로 공략해 패시브형 ETF보다 초과수익을 얻도록 설계된 ETF로 정해진 지수의 구성종목을 그대로 따라가도록 한 펀드이며 거래소에 상장해 편리하게 거래할 수 있다. 추종하는 인덱스를 따르도록 하는 '패시브'형이 기본이지만 2020년 미국 자산운용사인 아크인베스트먼트사는 성장주를 적극적으로 매매하는 액티브 ETF를 발매했으며 이들 중 일부는 100%가 넘는 수익률을 기록하면서 시장의 관심을 끌었다. 이에 2021년 5월 국내 운용사들은 전기차, BBIG(반도체·배터리·인터넷·게임), 신재생에너지 등 유망 산업에 투자할 수 있는 테마형 액티브 ETF들을 내놓았다.

지수에 관련한 주요 내용은 다음 표와 같습니다.

종목별 유사도 스코어링의 경우 더 쉬운 이해를 위해서는 3장의 'IP 가치를 추정하기 위해 텍스트마이닝 활용' 부분을 참고하시기 바랍니다. 메타버스 키워드를 통해 유사도가 높은 종목은 추출한다는 점에서 앞서 구글 트렌드를 활용하여 IP 가치를 추정한 점은 큰 틀에서 방법론상 유사하다고 볼 수 있습니다.

항목	내용
지수명	FnGuide K-메타버스 지수
유니버스	유가증권시장 및 코스닥 상장 종목 중 기초 요건을 충족한 종목
기초 요건	• 관리종목 또는 투자주의, 환기 종목으로 지정 종목 제외 • 선박투자회사, 인프라투자회사, 해외주, REITs, ETF, ETN, SPAC 제외 • 유동비율 10% 미만 종목, 시가총액 2000억 원 미만인 종목 제외 • 60영업일 평균 거래대금 10억 원 미만인 종목 제외
키워드 선정	FnGuide와 협업을 통해 메타버스 관련 핵심 기술 및 주요 키워드 선정
종목 선정	각 기초 요건 및 키워드 스코어링을 통해 추출된 종목 중 리포트 DB에서 뽑힌 종목 70% + 공시 DB에서 뽑힌 종목 30%로 최종 종목 선정 (*10개 종목 미달 시 유니버스 내 시가총액 상위 순 선정)
지수 구성방식	키워드 스코어 가중방식(종목별 최대 비중 8%) * 메타버스 관련 키워드를 기반으로 FnGuide 보유 리포트들에서 종목별 스코어를 산출하며 가중치가 높은 단어들이 많이 검색될수록 스코어가 높아짐
지수 정기변경	• 매년 5, 11월 마지막 영업일을 기준으로 종목 선정 • 매년 6, 12월 선물옵션 만기일(D) 이후 2영업일째(D+2) 수행
최초 기준일	2015.6.15(1000pt)
지수 산출업자	FnGuide (금융상품 추종지수, 벤치마크지수 등 지수 서비스 및 컨설팅 운영 등 실시간 지수 서비스 구현)

비교지수 주요 내용 정리(자료: KODEX K-메타버스액티브 ETF의 투자설명서)

비교지수 대비 추가수익을 확보하려는 알파 전략은 다음과 같습니다.

- 장기 고성장 종목: 향후 5년간 폭발적 성장이 기대되는 기업에 집중
- 경쟁력 있는 기업: 시장지배력 혹은 성장 강도가 강화되는 기업에 집중
- 활발한 R&D 투자 기업: 장기 성장성과 생존을 담보하는 연구개발비 지출 여부 관심
- 내재가치 대비 저평가: 합리적 가치평가가 가능한 기업에 집중
- 탁월하고 신뢰할 수 있는 경영진을 보유한 기업에 집중

추가 알파 창출 핵심 전략(자료: KODEX K-메타버스액티브 ETF의 투자설명서)

이러한 방법론에 의해 최종적으로 도출된 편입비중 상위 10개 사는 다음과 같습니다. IT 기업인 LG이노텍(9.12%)을 제외하면 게임(펄어비스, 위메이드, 컴투스홀딩스), 엔터(하이브, 제이콘텐트리, 에스엠, 아프리카TV, YG엔터테인먼트), 인터넷 플랫폼(NAVER) 중심으로 편입된 것을 확인할 수 있습니다. 앞서 3장에서 논의했던 바와 유사하게 메타버스 관련 키워드로 추출한 국내 주요 종목은 상당 부분 게임, 엔터, 인터넷 플랫폼 중심인 것을 알 수 있습니다.

동 ETF의 성과는 출시 이후 한때는 50% 넘는 누적수익률을 보이기도 했으나, 2022년 이후 전체 주식시장의 하락과 동조화

종목명	비중(%)	현재가(원)
LG이노텍	9.12	353,500
펄어비스	8.42	94,200
하이브	7.34	237,000
위메이드	7.26	116,400
컴투스홀딩스	6.07	154,500
제이콘텐트리	5.90	59,300
에스엠	5.15	58,900
NAVER	5.03	310,000
아프리카TV	5.01	153,000
YG엔터테인먼트	4.14	49,000

편입비중 상위 10개사(자료: KODEX ETF 홈페이지 (2022.1.28. 기준))

되어 큰 폭의 하락세를 겪었습니다. 그럼에도 기존 ETF의 비교지
수와는 차별화되는 '키워드 유사도 스코어링' 등 머신러닝을 활용
한 점, 액티브 ETF로서 운용역의 정성적인 평가도 개입되는 점
등은 특이한 점이라고 평가됩니다. 메타버스라는 신성장 산업을
반영하는 투자상품 역시 기존과는 다른 발상에서 접근하고, 보
다 유연하게 대응하려는 시도는 긍정적인 점이라고 생각합니다.

KODEX K-메타버스액티브 ETF의 성과 추이(자료: 네이버금융)

메타버스 ETF의 양강 구도를 형성한
TIGER Fn메타버스 ETF

국내 메타버스 ETF 중 1위와 근소한 차이를 유지 중(시가총액 3555억 원)인 ETF는 바로 'TIGER Fn메타버스'입니다. 앞서 살펴봤던 KODEX K-메타버스액티브 ETF와 달리 TIGER Fn메타버스 ETF에는 '액티브'가 붙어 있지 않습니다. 즉 비교지수를 추종하는 이른바 '따라쟁이 전략'이 중심인 일반적인 패시브 펀드의 특성을 지닌 ETF라고 이해할 수 있습니다. 그렇다면 비교지수인 'FnGuide 메타버스테마 지수'를 보다 자세히 들여다볼 필요가 있는데, 동 지수는 유가증권시장 및 코스닥 상장 종목들에 대해

증권사 리포트에 텍스트마이닝 기술을 적용하여 메타버스 관련 키워드와 연관도가 높은 20종목으로 구성된 지수입니다. 앞서 봤던 'FnGuide K-메타버스 지수'와 유사하게 메타버스 관련 키워드 중심으로 텍스트마이닝 기술이 사용되었습니다.

다만 유니버스 구성종목 중 키워드 연관도가 0.1 이상인 종목은 시가총액 상위 순으로, 키워드 연관도가 0.1 미만인 종목들은 키워드 연관도가 높은 순서대로 차순위를 선정하여 최종 순위를 결정 후 최종 20종목을 선정합니다. 즉 시가총액 기준이 최종 종목 선정에 영향을 주는 점은 중요한 차별화 포인트이기도 합니다.

비교지수 주요 내용 정리

FnGuide 메타버스 테마 지수

- 산출기관: FnGuide
- 지수개요: 유가증권시장 및 코스닥 상장 종목들에 대해 증권사 리포트에 텍스트마이닝 기술을 적용하여 메타버스 관련 키워드와 연관도가 높은 20종목을 선정. 키워드 리스트는 지수위원회에서 결정하며 검토를 거쳐 조정될 수 있습니다.
  - 산출방법: 유동시가총액 가중방식

- 정기변경: 연 2회

- 기준일 및 기준값: 2016.06.13. = 1000p

최종적으로 도출된 편입비중 상위 10개사는 다음과 같습니다. IT 기업인 LG이노텍(13.97%), LG디스플레이(10.77%), 인터넷 플랫폼(NAVER, 카카오), 게임(엔씨소프트, 펄어비스), 엔터(하이브, 에스엠, JYP Ent., 위지윅스튜디오) 중심인 것을 확인할 수 있습니다. KODEX K-메타버스액티브 ETF가 게임, 엔터, 인터넷 플랫폼 중심인 것과 유사하긴 하나, 메타버스 인프라에 해당하는 IT 하드웨어 비중이 높고 업종 대표주들이 주로 편입된 것으로 파악됩니다.

종목명	비중(%)	현재가(원)
LG이노텍	13.97	353,500
LG디스플레이	10.77	19,700
NAVER	9.15	310,000
엔씨소프트	9.07	536,000
펄어비스	9.07	94,200
하이브	8.42	237,000
카카오	8.14	85,000
에스엠	5.16	58,900
JYP Ent.	5.08	41,000
위지윅스튜디오	3.78	31,350

편입비중 상위 10개사(자료: TIGER ETF 홈페이지(2022.1.28. 기준))

동 ETF의 성과 역시 큰 줄기에서는 앞선 KODEX K-메타버스액티브 ETF와 유사합니다. 다만 기준가의 최고점은 상대적으로 소폭 낮고, 최저점도 상대적으로는 소폭 높아서 시가총액 기준에 따라 업종 대표주들 중심인 점이 개별주 위주보다는 변동성을 소폭 낮췄을 것으로 추정됩니다. 따라서 메타버스 투자에 있어서 시가총액 기준에 의한 업종 대표주 편입을 선호한다면 'TIGER Fn메타버스 ETF'를 선택하면 될 것입니다.

TIGER Fn메타버스 ETF의 성과 추이(자료: 네이버금융)

해외 메타버스 ETF

METAVERSE

한국에서 가장 큰 해외 메타버스 ETF: TIGER글로벌메타버스액티브

2022년 1월 28일 기준 한국거래소에 상장된 해외 메타버스 ETF 중에서 가장 큰 규모(시가총액 2085억 원)의 ETF는 바로 'TIGER글로벌메타버스액티브'입니다. 펀드명에 '액티브'가 달려 있으니 이 ETF는 액티브 ETF입니다. 다시 한번 설명하면 액티브 ETF는 비교지수를 추종하지만, 종목 선택과 비중 조절에 대해서는 적극적으로 조정하여 알파 수익률을 추구하는 액티브 펀

드의 성격도 동시에 가지는데요. 이 ETF 역시 유가증권시장 상
장규정 제113조에 따른 액티브 상장지수펀드(액티브 ETF)로 ETF
순자산가치의 변화가 비교지수인 'Indxx Global Metaverse 지
수' 변화를 초과하도록 운용하는 것을 목표로 합니다. 따라서
비교지수를 구성하는 종목 중 동 ETF가 투자하지 않는 종목이
있을 수 있으며 비교지수에 포함되지 않은 종목도 투자할 수 있
습니다.

비교지수에 대한 주요 내용은 다음과 같습니다. 특이점은 메
타버스 관련 매출비중을 중심으로 3개의 투자 대상 그룹(버킷)으
로 분류하고, 매출비중이 높은 버킷의 편입비를 높이는 방식입니
다. 앞서 3장에서 PSR(주가매출비율)을 설명하면서 신성장산업의
가치평가 시 매출액을 중심으로 살펴보는 것이 합리적이라고 언
급했는데, 이러한 투자철학을 잘 반영시킨 지수방법론이라고 평
가할 수 있습니다.

비교지수 주요 내용 정리

비교지수: Indxx Global Metaverse 지수 Price Return**(원화환산) × 100%**

- 산출기관: Indxx, LLC(미국 뉴욕에 소재한 지수사업자로 2005년에 설립되어
  글로벌 테마형 위주의 독창적 지수 개발을 중점으로 하는 회사)

- 구성종목: ① IP & 콘텐츠(AR·VR 관련 콘텐츠 또는 소프트웨어 등), ② 플랫폼, ③ 페이먼트, ④ 옵틱스 & 디스플레이, ⑤ 반도체·하드웨어·5G 관련 매출이 전체 매출 비중의 50% 이상 차지하는 기업 중, 시가총액 상위 50종목

- 산출방법: 버킷1(관련 매출 50~70% 종목) 10%, 버킷2(관련 매출 70~90% 종목) 20%, 버킷3(관련 매출 90% 이상) 70%로 편입하며, 각 버킷 내 종목들은 동일가중방식으로 산출

- 정기변경: 연 1회

- 발표일 및 기준지수 : 2017.06.30. = 1000pt

자료: TIGER ETF 홈페이지(2022.1.28. 기준)

최종적으로 도출된 편입비중 상위 10개사는 다음과 같습니다. 마이크로소프트(메타버스 플랫폼 마인크래프트 보유), 엔비디아(게임 관련 그래픽 처리 장치: GPU), TSMC(파운드리 1위 업체), 메타플랫폼스(VR 1위 오큘러스 보유), 소니(콘솔게임 최강자), 유니티(게임엔진 1위), 애플, 고어텍, 퀄컴, 알파펫 순서로 편입비중이 높습니다. 편입비중 1~5위까지는 사실상 나스닥 빅테크BIG TECH 대표주로서 메타버스 플랫폼 이외에도 메타버스 관련 인프라 기업을 폭넓게 편입 추정됩니다. 메타버스의 범주를 상당히 넓은 의미로 해석하여 IT 소프트웨어–IT 하드웨어–반도체 분야의 업종 대표주들이 주로

　　　　　　　　1부 메타버스가 만드는 부의 신세계

No	종목코드	종목명	비중(%)
1	MSFT US EQUITY	Microsoft Corp	7.44
2	NVDA US EQUITY	NVIDIA Corp	6.02
3	TSM US EQUITY	Taiwan Semiconductor Manufacturing Co Ltd	5.48
4	FB US EQUITY	Meta Platforms Inc	5.33
5	6758 JP EQUITY	Sony Group Corp	4.9
6	U US EQUITY	Unity Software Inc	4.71
7	AAPL US EQUITY	Apple Inc	4.22
8	002241 C2 EQUITY	GoerTek Inc	4.21
9	QCOM US EQUITY	QUALCOMM Inc	4.18
10	GOOGL US EQUITY	Alphabet Inc	3.6

편입비중 상위 10개사(자료: TIGER ETF 홈페이지(2022.1.27 기준))

편입된 것으로 파악됩니다.

다만 편입비중 상위 10개사 중 비교지수 상위 5개와 중첩되는 종목은 단 한 종목도 없었습니다. 비교지수가 제공하는 총 51개 종목에 대해 참고만 할 뿐, 종목 선택과 편입비의 경우 액티브 ETF의 재량권을 충분히 활용하고 있음을 엿볼 수 있습니다.

동 ETF의 성과는 나스닥 빅테크의 높은 비중 영향으로 나스 닥 지수와의 연계성이 강하여 2022년 초의 조정장세를 피하지는 못했습니다. 나스닥 빅테크의 업종 대표주로서 메타버스 관련 매 출 비중이 커지고 있는 종목을 선호한다면 동 ETF가 그런 역할 을 할 것입니다. 마이크로소프트의 액티비전블리자드 인수, 메타

종목명	비중(%)
Activision Blizzard Inc	3.21
Global Payments Inc	2.89
Mastercard Inc-class A	2.81
Tencent Holdings Ltd	2.77
Visa Inc-class A Shares	2.70

비교지수 INDXX GLOBAL METAVERSE INDEX 구성종목
(자료: indxx.com(2022.2.2 기준))

플랫폼스의 오큘러스 인수 및 사명 변경에서 보듯 나스닥 빅테크
기업 중심으로 메타버스 플랫폼 구축과 인프라 확대가 본격화
되고 있으므로 이러한 포트폴리오 전략 역시 중장기적 관점에서
투자 대상으로 접근 가능할 것입니다.

TIGER 글로벌메타버스액티브 ETF의 성과 추이(자료: 네이버금융)

한국에서 NO.2 해외 메타버스 ETF: KODEX미국메타버스나스닥액티브

한국거래소에 상장된 해외 메타버스 ETF 중 두 번째로 큰 규모(시가총액 1404억 원)의 ETF는 바로 'KODEX미국메타버스나스닥액티브'로 역시 액티브 ETF입니다. 일반 ETF는 비교지수와의 상관계수를 0.9 이상으로 유지하는 사실상 비교지수를 복제하는 전략을 취한다면, 액티브 ETF는 비교지수와의 상관계수 0.7 이상을 유지하면서 동시에 적극적으로 알파를 추구합니다. 동 ETF의 비교지수는 'Nasdaq Yewno Metaverse Index'인데, 미국 거

항목	내용
지수명	Nasdaq Yewno Metaverse Index
유니버스	미국 거래소에 상장된 종목(ADR 포함) 중 기초 요건을 충족한 종목
기초 요건	시가총액 최소 $500 million 이상 3개월 평균 거래량 최소 $1 million 이상
종목 선정	각 기초 요건 충족 및 메타버스 관련 키워드에 노출도가 있는 기업들을 유노 의 AI 엔진을 이용해 점수화하여 상위 40종목 선정
지수 구성방식	시가총액 가중방식(종목별 최대 비중 8%)
지수 정기변경	연 2회(6월, 12월)
최초 기준일	2016.6.17(1000pt)
지수 산출업자	NASDAQ Inc.

비교지수 주요 내용 정리(자료: KODEX미국메타버스나스닥액티브 ETF의 투자설명서)

래소에 상장된 종목(ADR 포함) 중 기초적인 요건을 충족한 종목을 투자 가능 종목군(유니버스)으로 추출합니다. 이 중 메타버스 관련 키워드에 노출도가 있는 기업들을 유노Yewno의 AI 엔진을 이용해 점수화AI Scoring하여 상위 40개 종목을 최종 선정하여 도출된 지수입니다. 앞서 살펴봤던 '메타버스' 키워드를 기반한 머신러닝, 텍스트마이닝 기술을 적용하여 메타버스 관련 키워드와 연관도가 높은 종목 피킹 등과 사실상 같은 맥락으로 이해됩니다.

이런 프로세스를 통해 구성된 편입비중 상위 10개사는 다음과 같습니다. 마이크로소프트(메타버스 플랫폼 마인크래프트 보유), 애플(전 세계 시가총액 1위 기업), 알파벳(전 세계 검색엔진, AI 선두업체), 엔비디아(게임 관련 그래픽 처리 장치: GPU), 메타플랫폼스(VR 1위 오큘러스 보유), TSMC(파운드리 1위 업체), AMD, 아마존, 엑센추어, 어도비 순서로 편입비중이 높습니다. 역시 편입비중 1~5위까지는 사실상 나스닥 빅테크 대표주이며, 메타버스 관련 IT 기업을 광범위하게 포괄하게 하여 편입한 것으로 보입니다. 지수산출업자가 NASDAQ임을 감안하면 나스닥 주요기업 중 메타버스와 키워드로 엮이는 종목들은 돌고 돌아 '나스닥 빅테크'가 가장 연계성이 높다는 것을 추정할 수 있습니다.

동 ETF의 성과도 나스닥 빅테크의 높은 비중 영향에 따라 최

번호	종목코드	종목명	비중(%)
1	MSFT US Equity	MICROSOFT	9.44
2	AAPL US Equity	APPLE Inc	9.39
3	GOOG US Equity	ALPHABET INC-CL C	8.92
4	NVDA US Equity	NVIDIA Corp	8.16
5	FB US Equity	Meta Platforms Inc	6.19
6	TSM US Equity	TAIWAN SEMICONDUCTOR-SP ADR	4.82
7	AMD US Equity	ADVANCED MICRO DEVICES	4.37
8	AMZN US Equity	Amazon.com Inc	4.17
9	ACN US Equity	ACCENTURE PLC-CL A	3.46
10	ADBE US Equity	Adobe Inc	2.78

편입비중 상위 10개사(자료: KODEX ETF 홈페이지(2022.1.28. 기준))

근 나스닥 지수의 부진과 동조화되어 2022년 초의 조정장세에서 부진을 면치 못했습니다. 나스닥 빅테크의 업종 대표주는 메타버스 키워드와의 연계성도 높고, 앞서 본 것처럼 메타버스 관련 매출비중도 커지고 있으므로 메타버스 시대에도 필수적으로 주도주가 될 수 있을 것입니다. 다만 앞서 'TIGER 글로벌메타버스 액티브 ETF'의 경우 글로벌 반도체 대표기업에 대한 높은 비중을 보였다면, 동 ETF는 나스닥 시가총액 상위주, IT 소프트웨어 대표주에 대한 편입비가 도드라지는 것이 확인됩니다. 즉 나스닥 대표주 중에서 메타버스와의 연계성이 높은 기업 위주로 투자하고 싶은 투자자에게 적합한 ETF라고 볼 수 있습니다.

KODEX미국메타버스나스닥액티브 ETF의 성과 추이(자료: 네이버금융)

1부 메타버스가 만드는 부의 신세계

해외 메타버스 펀드

METAVERSE

한국에서 가장 큰 해외 메타버스 펀드: KB글로벌메타버스경제 펀드

국내에서 판매되는 해외 주식형 메타버스 펀드 중 가장 큰 규모(운용펀드 순자산 1368억 원, 2022.2.4. 기준)의 펀드는 'KB글로벌메타버스경제' 펀드입니다. 앞서 다뤘던 메타버스 ETF의 경우 일반 ETF(TIGER Fn메타버스 ETF)는 비교지수를 사실상 복제(상관계수 0.9 이상)했고, 액티브 ETF(나머지 3종)는 비교지수를 상당히 복제(상관계수 0.7 이상)는 하되 적극적인 추가 수익률(알파)을 추구했는

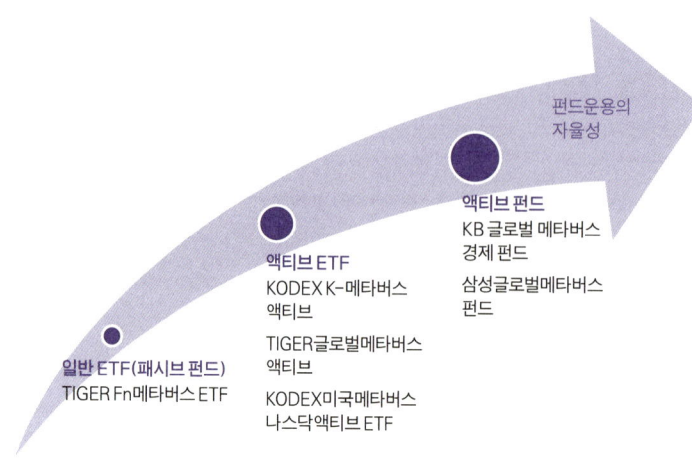

본서에서 다룬 메타버스 상품들의 개념도

데요. 이제부터 다룰 해외 주식형 메타버스 펀드는 액티브 펀드 Active Fund, 말 그대로 보다 적극적으로 알파 수익률을 플러스하려고 애쓰는 펀드입니다. 위의 개념도는 본서에서 다룬 메타버스의 투자상품을 성격별로 도식화한 것이니 반드시 정리하시기 바랍니다.

앞서 살펴봤던 ETF들과 다르게도 동 펀드는 비교지수가 없습니다. 액티브 펀드라서 비교지수가 없다기보다는 새롭게 태동하는 메타버스 산업을 특정 비교지수라는 나름대로의 정형화된 틀에 가둬두지 않으려는 의도라고 볼 수 있습니다. 동 펀드의 투자설명서도 다음과 같은 그 사유를 밝히고 있습니다.

"이 투자신탁은 투자전략에 부합하는 특정 지수가 존재하지 않아 운용실적 비교를 위한 별도의 비교지수를 선정하지 않았습니다. 다만 글로벌 주식에 투자하는 투자신탁과의 성과 비교를 위해 MSCI All Country World Index(KRW)를 참조지수로 활용할 수 있습니다."

비교지수가 없기 때문에 본 펀드가 추구하려는 투자전략을 유심히 살펴볼 필요가 있습니다. 다음의 하이라이트 부분을 확인하면 앞서 메타버스 ETF들의 비교지수들이 지수 구성의 논거로 활용하던 메타버스 관련 매출비중, 메타버스 관련 키워드를 통한 메타버스 연관도를 추출하려 했던 텍스트마이닝 기법 등이 주요한 투자전략으로 제시되는 것을 확인할 수 있습니다. 또한 메타버스 경제의 범주를 보다 넓은 의미로 포괄하려는 점(인프라, 하드웨어, 소프트웨어, 플랫폼·콘텐츠) 역시 앞선 메타버스 ETF들의 접근과는 유사하다고 볼 수 있습니다.

주요 투자전략

(1) 한국 포함 전 세계 상장기업 중 메타버스와 높은 사업적 연관성이 있거나 관련 핵심 기술을 보유한 기업을 선별하여 투자
- 정량·정성적 분석을 통해 매출액, 사업적 연관성, 핵심 기술 보유 여부 등

을 기준으로 메타버스 경제 테마의 수혜가 예상되는 분야를 영역별로 분류하여 투자 유니버스를 구성. 이때 정량·정성적 분석은 글로벌 시장조사 기관의 텍스트마이닝 기법(글자 등 비정형 데이터로부터 정보를 끌어내는 기술), 국내외 증권사의 산업·기업 분석 자료 및 전망 자료 등을 기반으로 수행

• 글로벌 패러다임 전환을 선도하는 메타버스 경제 테마 수혜 분야를 크게 네 가지 영역(인프라, 하드웨어, 소프트웨어·콘텐츠, 플랫폼)으로 분류하여 각 영역별 핵심 종목 및 향후 성장성이 기대되는 종목 선별

메타버스 경제 영역별 구분 예시

인프라	메타버스 경제에서 방대한 증강현실AR 또는 가상현실VR 데이터를 주고 받기 위해 5G의 빠른 속도와 높은 데이터 전송량이 필요하며 클라우드 기술을 통한 저장 및 분석 등이 필요
하드웨어	메타버스 경제 콘텐츠 산업의 조기 활성화를 위해 AR/VR 장비와 관련 부품 업체의 유기적 성장이 중요하며 제조·의료·교육 등 산업별로 특화된 고부가가치 AR 장비 수요 급증 전망
소프트웨어	메타버스 공간 구현을 위한 3D 엔진 등 관련 소프트웨어가 필수적이며 게임 개발을 넘어 최근 영화 및 애니메이션, 건축, 자동차, 의료 및 군사 분야에도 활용되는 등 리얼 타임 3D 개발 플랫폼으로 영역 확장
플랫폼·콘텐츠	• 플랫폼: 메타버스를 개발 및 운영하는 기업으로 메타버스 내에서 사용자, 게임 개발자 또는 콘텐츠 공급자들이 효율적으로 콘텐츠를 생산하고 소비할 수 있는 공간을 제공(영화, 콘서트, 광고, 게임, 쇼핑, 교육 등) • 콘텐츠: 메타버스 플랫폼에 디지털 콘텐츠를 공급하는 기업으로 메타버스 플랫폼을 통해 공간의 물리적 제약을 극복함으로써 높은 수익과 홍보 효과 창출 가능

• 투자 유니버스에 속한 개별 기업의 성장성(매출, 이익성장률 등), 유동성(거래량, 시가총액 등), 지속가능 경쟁력 등을 고려하여 각 비즈니스 영역별 및 국

가별로 메타버스 경제 테마 관련 핵심 기업을 선별

- 메타버스 경제 테마 관련 경쟁력(시장점유율, 가입자 수, 콘텐츠 등) 및 확장성 (메타버스 생태계 주도 여부, 타 산업으로의 확장 가능한 기술 보유 여부 등) 등을 감안한 메타버스 경제 밸류체인 내 모든 분야에 투자하여 균형 있는 포트 폴리오 구축

- 메타버스 경제 테마 관련 영역별 분산도 및 시가총액, 유동성 등을 고려하 여 종목별 투자비중을 결정하여 최종 포트폴리오 구성

(2) 외화표시 자산 투자로 인한 환율변동 위험을 관리하기 위한 별도의 환헤 지 전략은 실시하지 않을 계획임

(자료: KB글로벌메타버스경제 펀드의 투자설명서)

이런 투자전략 및 운용 프로세스를 통해 구성된 편입비중 상 위 10개사는 다음과 같습니다. 브로드컴(펩리스: 반도체 설계), 애 플(전 세계 시가총액 1위 기업), 퀄컴(반도체 및 통신장비), 메타플랫폼 스(VR 1위 오큘러스 보유), 엔비디아(게임 관련 그래픽 처리 장치: GPU), AMD(엔비디아 경쟁사), 마이크로소프트(메타버스 플랫폼 마인크래프 트 보유), 아마존(클라우드 컴퓨팅 선두업체), 유니티(게임엔진 1위), 오 토데스크(디자인 소프트웨어) 순서로 편입비중이 높습니다.

특징적인 점은 높은 반도체 비중입니다. 상위 10개 종목 중 브

로드컴, 퀄컴, 엔비디아, AMD까지 총 4개 종목이나 편입돼 있는데, 대표적인 필라델피아반도체지수의 구성종목이기도 합니다. 글로벌 반도체 대표종목 비중이 높은 점은 앞서 살펴봤던 'TIGER 글로벌메타버스액티브 ETF'와도 유사한 구조입니다. 메타버스 역시 온라인 게임과 동일하게 시각적 효과가 핵심이라는 점에서 관련한 비주얼 컴퓨팅 관련 반도체 회사는 대표적인 수혜주가 될 것입니다.

그리고 상위 10개 종목의 종목별 편입비중을 5% 내외로 유지하면서 시가총액 가중이 아닌 종목별 동일가중 포트폴리오를

번호	종목코드	종목명	비중(%)
1	AVGO US Equity	BROADCOM INC	5.94
2	AAPL US Equity	APPLE Inc	5.43
3	QCOM Equity	QUALCOMM INC	5.42
4	FB US Equity	Meta Platforms Inc	5.39
5	NVDA US Equity	NVIDIA Corp	5.39
6	AMD US Equity	ADVANCED MICRO DEVICES	5.37
7	MSFT US Equity	MICROSOFT CORP	5.30
8	AMZN US Equity	Amazon.com Inc	5.19
9	U US Equity	UNITY SOFTWARE INC	4.88
10	ADSK US Equity	AUTODESK INC	4.32

편입비중 상위 10개사 (자료: KB 글로벌 메타버스경제 펀드의 월간운용보고서 (2021.12월 말 기준))

구성한 것으로 추정됩니다. 앞서 살펴봤던 글로벌 메타버스 ETF 들은 대체로 시가총액을 고려했던 것과는 차별화된 편입비중입 니다.

동 펀드의 성과도 글로벌 반도체주의 높은 비중 영향에 따라 최근 필라델피아반도체지수의 부진과 함께 2022년 초 급락장세 에서 부진했습니다. 다만 메타버스뿐만 아니라 자율주행, AI 등 의 진화 속도에 따라 글로벌 반도체 산업의 적용 범주가 광범위 해지고, 해당 기술의 고도화에 따른 집적도 역시 높아진다는 점 에서 글로벌 반도체 산업의 장기적인 성장세는 유지될 가능성이 큽니다. 즉 필라델피아반도체지수의 대표주 중에서 메타버스와 의 연계성이 높은 기업 위주로 투자하고 싶은 투자자에게 적합 한 펀드가 될 수 있습니다.

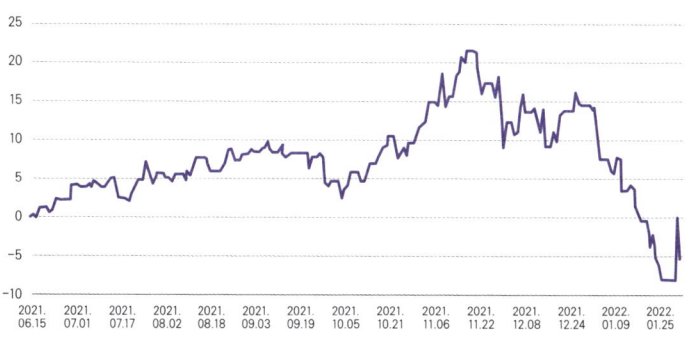

KB글로벌메타버스경제 펀드의 성과 추이(자료: KB자산운용 홈페이지)

한국에서 NO.2 해외 메타버스 펀드: 삼성글로벌메타버스 펀드

국내에서 판매되는 해외 주식형 메타버스 펀드 중 두 번째 큰 규모(운용펀드 순자산 978억 원, 2022.2.4. 기준)의 펀드는 '삼성글로벌메타버스' 펀드입니다. 이 펀드의 벤치마크benchmark에 해당하는 비교지수로는 'MSCI All Country World Index(USD) × 90% + 콜금리 × 10%(비교지수 성과에는 투자신탁에 부과되는 보수 및 비용이 반영되지 않음)'을 사용합니다. 선진국과 신흥국을 아우르는 전 세계 증시를 추종하는 대표지수를 사용함으로써 앞선 'KB글로벌메타버스경제' 펀드처럼 메타버스라는 신산업을 특정한 틀에 가두지 않고 폭넓게 규정하여 초과 수익률을 추구하겠다는 적극적인active 모습을 엿볼 수 있습니다.

동 펀드의 투자전략을 살펴보면 앞서봤던 삼성자산운용의 메타버스 ETF인 'KODEX K−메타버스액티브 ETF', 'KODEX미국메타버스나스닥액티브 ETF'와 유사한 접근법인 '빅데이터big data 분석을 통해 관심도가 증가하는 메타버스 테마 및 종목 발굴'을 명시하고 있습니다. 이에 대한 표현용어가 빅데이터big data, 머신러닝machine learning, 텍스트마이닝text mining 등으로 조금씩 다르게 언급되나, 기본적인 방식은 메타버스 관련 키워드와의 연관성을 중심으로 비정형화된 무형자산 가치를 추적하여 종목 선정에 반영하려는 시도라고 할 수 있습니다.

주요 투자전략

1) 기본 전략

① 글로벌 증시에 상장된 메타버스 테마 관련 주식을 선별하여 투자 포트폴리오를 구성할 계획입니다.

② 빅데이터 분석을 통해 관심도가 증가하는 메타버스 테마 및 종목을 발굴하고, 모멘텀 지표를 활용한 투자비중 조정을 통해 시장 대비 초과수익을 추구합니다.

2) 운용 프로세스

① 테마 선정: 메타버스 밸류체인과 관련된 하위 테마 유니버스를 선정

- 메타버스 유니버스 내에서 관심도와 성장성을 고려하여 하위 테마 그룹을 분류

② 투자 유니버스 구성: 빅데이터 분석을 통해 해당 테마와 관련도 높은 종목을 발굴하여 투자 유니버스 구성

- 각 테마별로 구글 검색 알고리즘(단어분석, 웹페이지 관련성, 콘텐츠의 품질, 웹페이지의 활용도, 문맥)을 통해 나온 일련의 텍스트 정보를 취합
- 자연어 처리를 통해 빈도수가 높고 연관성이 높은 종목들로 투자 유니

버스 구성

※ 자연어 처리란? 컴퓨터를 이용해 사람의 자연어natural language를 분석
하고 처리하는 기술로 자연어 분석, 자연어 이해, 자연어 생성 등의 기
술이 활용됨

③ 종목별 심화 분석: 센티먼트 분석 및 ESG/부도 확률 스크리닝을 통해 최
종 투자기업 선별

④ 포트폴리오 운용: 종목별 관심도와 모멘텀을 고려하여 투자비중 결정 및
비중 조절 시행

⑤ 테마 모니터링: 뉴스 데이터 자연어 처리를 통한 트렌드 모니터링 및 테마
로테이션 수행

이러한 투자전략 및 운용 프로세스를 통해 구성된 편입비중
상위 10개사는 다음과 같습니다. 애플(전 세계 시가총액 1위 기업),
마이크로소프트(메타버스 플랫폼 마인크래프트 보유), 알파벳(전 세계
검색엔진, AI 선두업체), 소니(콘솔게임 최강자), TSMC(파운드리 1위 업
체), 퀄컴(반도체 및 통신장비), 오라클(소프트웨어 및 클라우드 컴퓨팅),
IBM(소프트웨어 및 클라우드 컴퓨팅), 월마트, 삼성전자 순서로 편입
비중이 높습니다. 나스닥 빅테크가 1~3위까지 포진했고, 아시아
대표기술주가 4~5위, 삼성전자를 비롯한 국내 주식도 10.7%를
차지합니다.

번호	종목코드	종목명	비중(%)
1	AAPL US Equity	APPLE Inc	3.7
2	MSFT US Equity	MICROSOFT	3.6
3	GOOG US Equity	ALPHABET INC-CL A	3.3
4	SONY US Equity	SONY GROUP CORP – SP ADR	3.3
5	TSM US Equity	TAIWAN SEMICONDUCTOR-SP ADR	3.2
6	QCOM US Equity	QUALCOMM INC	3.1
7	ORCL US Equity	ORACLE CORP	3.0
8	IBM US Equity	INTL BUSINESS MACHINES CORP	2.9
9	WMT US Equity	Walmart Inc	2.9
10	005930	삼성전자	2.9

편입비중 상위 10개사(자료: 삼성자산운용 홈페이지 (2022.1월 말 기준))

제시된 투자전략 및 동일 운용사의 메타버스 상품이란 측면에서 KODEX미국메타버스나스닥액티브 ETF의 주요 종목과 비교할 수 있는데, 편입비중 1~3위 종목(애플, 마이크로소프트, 알파벳)은 동일합니다. 다만 이외 종목 중에서는 TSMC를 제외하면 겹치지 않고 있어서 특별한 연계성은 찾을 수 없습니다.

동 펀드의 성과 역시 2021년 연말 이후 부진한 양상을 보이며 비교지수(벤치마크) 대비 부진한 양상입니다. 나스닥 빅테크, 아시아 대표기술주, 한국의 높은 비중 등을 선호한다면 적합한 메타버스 펀드라고 판단됩니다.

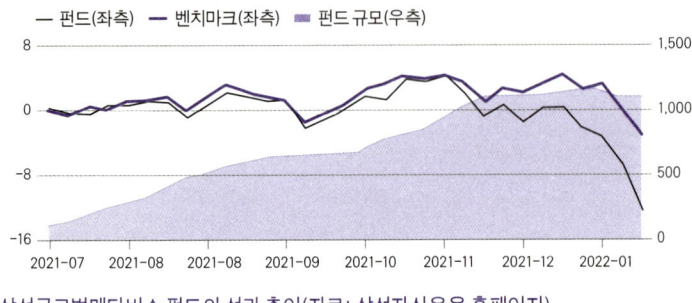

삼성글로벌메타버스 펀드의 성과 추이(자료: 삼성자산운용 홈페이지)

메타버스 해외 펀드(ETF)가
사랑하는 메타버스 수혜주 5

METAVERSE

앞서 우리가 다뤘던 메타버스 해외 펀드(ETF)의 투자 포트폴리오를 통해 공통적으로 선호되는 종목들을 살펴보고, 그들이 왜 해당 종목을 메타버스 수혜주로 선택했는지를 역추적하고자 합니다. 물론 현재의 포트폴리오를 미래에도 그들이 계속 사랑할지는 단언할 수 없으나, 메타버스 산업 확장을 지금 주도하고 있고, 관련한 원천 IP와 기술력 측면의 우위가 해당 펀드(ETF)를 운용하는 기관 투자자의 관점에서 걸러졌다는 점에서 참고하면 좋을 것입니다. 다만 메타버스 산업은 이제 도입기를 통과하여 성장기 진입을 앞둔 단계라는 측면에서 산업의 역동성이 크고, 신규 진입자들의 깜짝 선전 및 기존 우위 기업의 몰락 등도 얼마든지 발생할 수 있다는 점에서 현재의 구도는 얼마든지 변화할 수 있음도 감안하여 지속적인 업데이트가 필요할 것입니다.

우리는 앞서 2개의 해외 ETF와 2개의 해외 펀드를 통해 다음과 같은 종목군을 살펴본 바 있습니다. 이 중에서 3개 이상 펀드(ETF)에서 선택을 받았던 메타버스와 연관성이 큰 총 5개 종목을 기관 투자자가 사랑하는 〈메타버스 수혜주 5〉로 선정하여 메타버스 산업과의 연계성과 그에 따른 향후 전망을 살펴보겠습니다.

편입비 순위	TIGER글로벌 메타버스액티브 ETF	KODEX미국 메타버스나스닥 액티브 ETF	KB글로벌메타버스 경제 펀드	삼성글로벌 메타버스 펀드
1	마이크로소프트	마이크로소프트	브로드컴	애플
2	엔비디아	애플	애플	마이크로소프트
3	TSMC	알파벳	퀄컴	알파벳
4	메타플랫폼스	엔비디아	메타플랫폼스	소니
5	소니	메타플랫폼스	엔비디아	TSMC
6	유니티	TSMC	AMD	퀄컴
7	애플	AMD	마이크로소프트	오라클
8	고어텍	아마존	아마존	IBM
9	퀄컴	액센추어	유니티	월마트
10	알파벳	어도비	오토데스크	삼성전자

메타버스 해외 펀드(ETF)의 편입비 10위권 종목

마이크로소프트: '마인크래프트&액티비젼블리자드'를 앞세운 메타버스의 제왕

현재 전 세계 메타버스 플랫폼을 주도하는 3대장은 '마인크래프트', '로블록스', '포트나이트'입니다. 바로 이 마인크래프트 Minecraft의 모장Mojang 스튜디오를 인수한 주인공이 마이크로소프트입니다. 마인크래프트는 2021년 말 기준 누적 다운로드 2억 장, 월평균 이용자수 1억 4000만 명, 마인크래프트 관련 유튜브 영상 조회 수 1조 회 등 놀라운 기록을 경신하고 있습니다. 또한 지난 2020년 엘더스크롤, 폴아웃, 둠 등 인기 게임의 원천 IP(지식재산권)를 보유한 유럽 각지에 게임 스튜디오를 자회사로 거느린 제니맥스미디어ZeniMax Media를 81억 달러에 인수하며 게임 업계를 놀라게 했는데요. 그런데 더욱 놀랍게도 2021년 1월 18일 마이크로소프트는 스타크래프트, 디아블로 등으로 우리에게도 익숙한 액티비젼블리자드를 인수가 687억 달러(약 82조 원)에 전격 인수했습니다. 이는 게임 업계는 물론 IT 업계까지 통틀어 사상 최대 규모입니다. 사실상 게임 IP의 공룡이 출현한 것입니다.

게임 산업은 메타버스 플랫폼과의 연계성이 가장 큰 분야로 마이크로소프트는 메타버스의 제왕이 되는 모든 조건을 갖춰가고 있습니다. 사티아 나델라Satya Narayana Nadella CEO는 "게임이

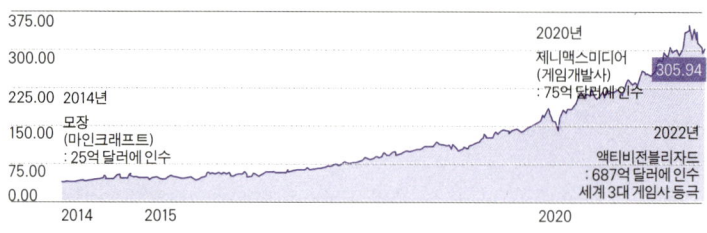

375.00

300.00

2020년
제니맥스미디어
(게임개발사)
: 75억 달러에 인수

225.00 2014년
305.94

150.00 모장
(마인크래프트)
: 25억 달러에 인수

2022년
액티비전블리자드
: 687억 달러에 인수
세계 3대 게임사 등극

75.00

0.00

2014   2015

2020

마이크로소프트의 메타버스 관련 인수합병 추이(자료: 모닝스타)

메타버스 플랫폼 개발에 있어서 핵심 역할을 하게 될 것"이라고
언급하고 있습니다. 기존 마이크로소프트의 구독형 게임 서비스
인 '게임 패스'에 엑티비전블리자드의 다양한 게임 IP까지 곧 추
가되면 구독자의 꾸준한 성장세에 큰 기여를 할 것입니다. 또한
PC나 엑스박스 게임기를 통한 설치를 넘어 마이크로소프트의
장점인 클라우드 서버를 활용한 스트리밍인 '클라우드 게이밍'이
가능한 점도 시너지 효과를 낼 수 있습니다. 마치 엔터 관련 원
천 IP를 통해 플랫폼 왕국을 구축한 디즈니나 넷플릭스처럼.

또한 마이크로소프트는 증강현실AR 헤드셋인 홀로렌즈
HoloLens 시리즈를 일부 산업용으로 출시하거나 개발 중으로 메타
버스 플랫폼의 B2B(기업간거래) 시장도 공략하려고 시도 중입니
다. MS 1.0은 윈도우 OS, MS 2.0은 클라우딩 컴퓨팅의 시대였다
면, MS 3.0은 메타버스가 될 가능성이 커진 것으로 보입니다. 기
존의 소프트웨어 및 클라우드 컴퓨팅의 기술 선도력은 메타버스

플랫폼과 융복합하면서 새롭게 창출될 마이크로소프트의 히든 밸류가 궁금해집니다.

애플: XR 기기를 중심으로 메타버스 하드웨어 시장으로 진군

마이크로소프트보다는 더딘 행보지만, 애플 역시 메타버스 시장 진출을 공식화했습니다. 2022년 1월 26일 분기 실적발표 컨퍼런스콜을 통해 팀 쿡Tim Cook 애플 CEO는 "메타버스가 많은 잠재력을 갖고 있으며 AR 기기에 투자하고 있다…. 그리고 자사의 AR 개발자 플랫폼인 'AR키트'를 사용해 설계한 1만 4000개의 AR 관련 앱이 앱스토어에 있고, 앞으로 더 많은 AR 앱이 나올 것이다"라고 밝혔습니다.

애플은 XR 기기를 중심으로 메타버스 하드웨어 시장으로 진군할 예정입니다. 주요 언론에 따르면 2022~2023년 XR 혹은 MR(Extended Reality 혹은 Mixed Reality: AR과 VR을 동시에 구현) 헤드셋을 출시할 것으로 전망되고 있습니다. 이미 애플은 2015년부터 XR 기기를 개발해왔고, 자체 개발한 M1 맥스 프로세서를 사용할 것으로 관측되고 있습니다. 2021년 5월 블룸버그에 따르면 "애플의 MR 기기가 향후 10년 뒤 아이폰을 대체할 출발점이 될 것으로 기대한다"고 보도된 바 있습니다. 애플은 이미 애플워치 등 웨어러블 기기의 성공을 경험한 바 있는 장점을 활용하여 XR 기기를 통한 현실 위에 가상정보가 입혀진 증강현실, 즉 라이프로깅Lifelogging 분야에서 시장주도력을 확보하려는 의도로 판단됩니다. 팀 쿡은 포스트 아이폰Post iPhone으로 XR을 제시하며 향후 10년 내 아이폰을 대체할 것이라고 밝힌 바도 있습니다. 일부 연구기관의 전망에 따르면 2024년 XR 시장 규모는 350조 원으로 연평균 100% 넘는 성장을 예견하기도 합니다.

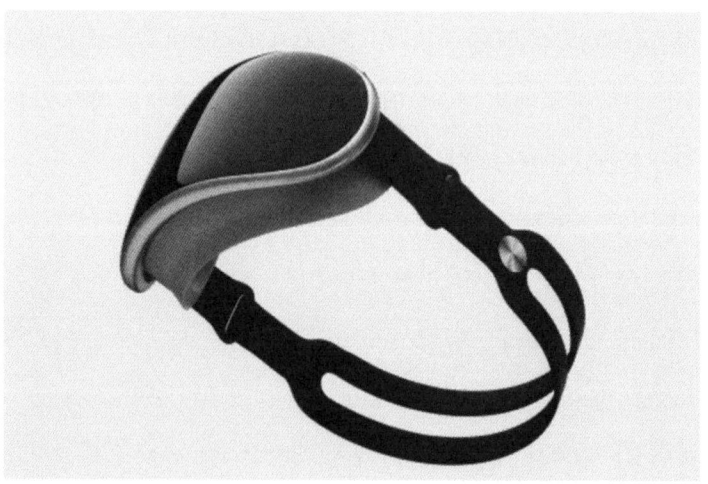

애플 MR 헤드셋 렌더링(자료: https://zdnet.co.kr)

엔비디아: 메타버스 플랫폼 옴니버스 추진

지금의 메타버스 열풍을 이끈 계기 중 하나는 분명 엔비디아일 수 있습니다. 2020년 10월 엔비디아의 공동창업자 겸 CEO인 젠슨 황Jensen Huang은 엔비디아 연례행사인 'GTC October 2020'에서 SF 소설 《스노 크래시》에서 등장하는 용어 '메타버스'를 인용하면서, 엔비디아가 바로 이 메타버스의 현실 버전을 만들어나갈 것임을 밝히면서 불씨를 처음 붙였습니다. 당시 젠슨 황의 연설 일부를 인용하면 다음과 같습니다.

"우리는 이미 마인크래프트나 포트나이트 같은 메타버스 게임을 통해 초기 메타버스를 겪고 있다. 현재는 게임을 통해 메타버스 거주자들이 도시를 건설하고, 콘서트와 각종 이벤트를 위해 모이고 친구들과도 교류하지만, 미래 메타버스는 인터넷 이후를 연결하는 가상현실 공간이 될 것이다. 미래의 메타버스는 현실과 아주 비슷할 것이고, 마치 '스노 크래시'처럼 인간 아바타와 인공지능AI이 그 안에서 공존하게 될 것이다."

엔비디아는 자신들만의 메타버스 플랫폼인 옴니버스Omniverse를 추진 중입니다. 2022년 CES(라스베이거스 가전박람회)를 통해 자사의 RTX GPU를 사용하는 모든 엔비디아 지포스 스튜디오 크리에이터를 대상으로 실시간 3D 디자인 및 시뮬레이션을 지원하

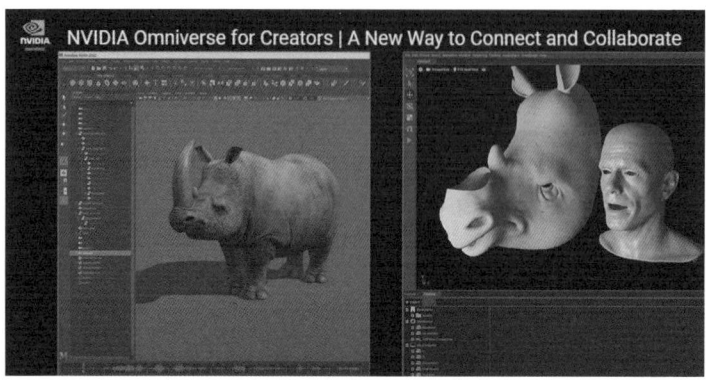

엔비디아 옴니버스 관련 유튜브(자료: 유튜브)

는 메타버스 플랫폼인 엔비디아 옴니버스를 제공한다고 밝혔습니다. 옴니버스를 통해 아티스트와 디자이너, 크리에이터는 선도적인 디자인 애플리케이션을 활용해 노트북 또는 워크스테이션에서 3D 관련 콘텐츠들을 제작할 수 있습니다. 옴니버스는 이미 1년 전 오픈 베타 출시 이후 약 10만 명의 크리에이터들이 다운로드하며 관심을 고조시키고 있습니다. 여타 메타버스 플랫폼과는 차별화되게 전문가 및 창작자 전용의 시뮬레이션 도구로 활용될 것이 예상됩니다.

메타플랫폼스: 이름이 운명을 결정할까

2021년 10월 28일 전 세계 1등 SNS 기업 페이스북은 기존 사명을 버리고 메타플랫폼스META라는 이름으로 개명합니다. 바뀐 이름처럼 마크 저커버그 CEO는 5년 내 기존 SNS 위주의 페이스북을 메타버스 기업으로 바꾸겠다는 비전을 제시했습니다. 저커버그는 메타버스에 대해 '모바일 인터넷의 후계자', '미래의 비전' 등으로 치켜세우며 메타버스를 통해 이용자들은 게임, 업무, 소통을 모두 할 수 있는 온라인 세상이라고 정의했습니다. 저커버그는 다음과 같이 메타버스를 강조합니다.

"메타버스는 매우 강력하다. 수백 마일 떨어진 다른 주에서도 같은 공간에 있는 것처럼 느낄 수 있게 될 것이다. 당신은 홀로그램을 통해 내 소파에 앉거나 내가 당신 소파에 앉을 수 있게 될 것이다."

왜 갑자기 페이스북은 개명까지 단행하면서 메타버스에 올인하게 되었을까요? 가장 큰 이유로 애플의 정책 변경으로 추정됩니다. 애플은 사용자가 플랫폼의 개인정보 추적을 쉽게 차단할 수 있는 '앱 추적 투명성' 정책을 도입하면서 메타의 광고 수익은 큰 타격을 입고 있습니다. 애플의 정책 변경으로 메타의 매출 중 약 100억 달러 감소가 있을 것으로 보고되기도 합니다. 저커버그의 입장에서는 다른 플랫폼에 의존하게 되면 어떤 위험을 겪는다는 것을 뼈저리게 느꼈으므로 자신들만의 메타버스 플랫폼 구축을 통해 위협요인을 제거하고 싶다는 의지가 이름에 담겨 있습니다.

메타플랫폼스는 이미 2014년 오큘러스 인수를 통해 메타버스 시장에 대한 장기적인 포석을 그린 바 있습니다. XR 기기인 오큘러스의 퀘스트Oculus Quest 2는 2021년 1분기부터 전 세계 XR 출하량의 75%를 차지하는 부동의 1위를 달리고 있습니다. 이렇게 메타버스 XR 기기의 장악에 이어 기존 SNS를 접목한 혁신적인 메타버스 플랫폼으로 진화할지가 동사의 숙제가 될 것입니다. 또한 동사는 가상현실VR 기술을 활용하여 이상적인 작업공간을 만

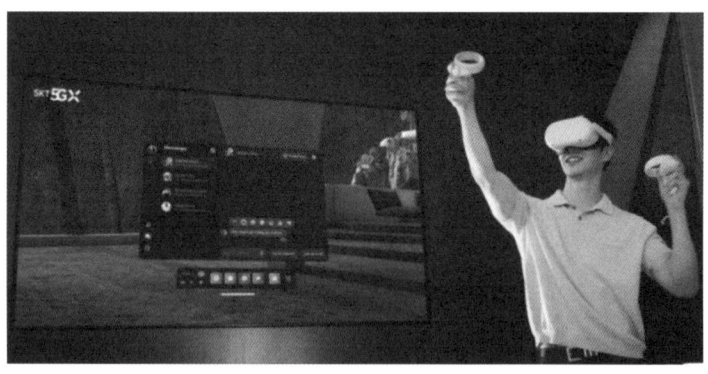

국내 공식 유통권을 지닌 SK텔레콤의 VR 디바이스 오큘러스 퀘스트 2(자료: https://news.mt.co.kr)

드는 '인피니트 오피스'를 개발 중입니다.

알파벳: 구글만의 독특한 메타버스 세상 속으로

구글(종목명: 알파벳)도 비교적 긴 안목에서 선도적으로 메타버스를 준비한 기업입니다. 이미 2012~2016년 프로젝트인 '구글 글라스'를 통해 혁신적인 워어러블 디바이스wearable device를 선보였지만 눈의 통증과 두통 및 개인정보 유출 등의 문제점을 지적받으며 이후 추가적인 신제품은 공개되지 못하고 있습니다. 그러나 일부 언론에 따르면 현재 약 300명에 달하는 메타버스 인력이 근무 중이며, 별도의 XR 등의 장비 없이 곧바로 메타버스로 진입할 수 있는 '프로젝트 스타라인'을 2021년 5월 공개했습니다. 프로젝트 스타라인은 거울처럼 생긴 글라스 앞에 앉아 대화를 나누는 방식으로 일명 '3차원 줌Zoom', '3차원 구글 미트'로 불리면서 영상 압축, 입체 이미지, 머신러닝, 오디오 OR 프로젝트 등을 구현하며 실제로 대화하는 현실감을 불러왔다는 평가를 받기도 했습니다.

또한 구글은 2021년 스마트 안경의 선구자에 해당하는 노스North를 인수하면서 재차 구글 글라스의 부활을 통한 메타버스 진입을 시도하고 있습니다. 노스의 '포칼Focals'이란 제품은 안경테 안쪽에 프로젝터가 달려 있어 홀로그램을 통해 실시간 정보를 전달하는 것이 특징입니다. 그리고 그동안 스마트 글라스가 안경테를 만지는 조작법과는 다르게, 손가락에 착용하는 반지를 통해 제어한다는 특이점도 가지고 있습니다.

구글은 메타버스 영역 중에서도 구글어스Google Earth와 같이 현실감을 최대한 극대화시키는 '거울세계Mirror World', 웨어러블 기기를 통한 개인화된 정보를 활용하는 '라이프로깅Lifelogging' 등에서 차별화된 경쟁력을 유지할 것으로 판단됩니다.

홀로그램 스마트 안경인 포칼(자료: https://kbench.com)

METAVERSE

2부

메타버스의 핵심 산업과
기업을 찾아서 투자하는 법

유성만

우리나라 증권가에서 메타버스 분석의 최전선에 서 있는 애널리스트. 실제 관련 산업과 기업들을 직접 탐방, 미팅을 통해 눈으로 확인하고 발로 뛰어다니며 적시에 투자자들을 위한 보고서를 작성하는 것으로 유명하다.

시장의 새로운 변화에 부합하여 그 누구도 시도하지 않은 메타버스 관련 새로운 기업들을 분석하고, 기존의 종목들에 있어서도 차별화된 메타버스 관점에서의 접근방식으로 투자자들에게 호평을 받고 있다. 무엇보다 뜬구름 잡는 식의 막연한 이론이 아닌 메타버스 관련 산업 및 기업 실무자와의 다양한 커뮤니케이션과 경험에 입각한 선견지명이 녹아 있는 현실적인 보고서로 두각을 나타내고 있다. 메타버스 관련 분야에서 가장 앞서나가는 리서치 활동과 보고서를 발간하고 있으며, 국내 주요 메타버스 관련 기업들 역시 메타버스 전략에 관해 그에게 자문을 구하고 있다.

연세대학교 경제학과 석사과정을 졸업했고 현대차증권에서 10여 년간 근무하면서 PB(명동지점)와 리서치(엔터·레저·미디어 애널리스트) 업무를 수행했다. 또한 큐브엔터테인먼트에서 전략기획본부장cso을 역임했고 현재는 리딩투자증권 리서치에서 메타버스·블록체인·미드스몰캡을 담당하는 수석연구원으로 근무하고 있다. 지점의 PB로 근무하면서 수많은 자산가들과 개인 투자자들을 접하며 쌓은 경험과 엔터·레저·미디어 애널리스트로서 갖게 된 조사·분석 능력 그리고 엔터테인먼트 현업에서 직접 체험한 노하우 등을 토대로 리딩투자증권에서 메타버스 관련 리서치 및 보고서 발간에 집중하고 있다. 한경TV, 매경TV, MTN 등 주요 증시 관련 프로그램에 출연하였고, 《한국경제신문》과 《매일경제신문》 등 주요 경제일간지에 기고했다. 앞으로도 메타버스와 관련된 다양한 책을 저술할 계획이다.

실제로 메타버스 관련 주식에 투자를 하려면 어떠한 포인트부터 짚어봐야 할까요? 현재 메타버스의 발전 속도와 방향을 고려했을 때 크게 두 가지 테마로 구분할 수 있습니다.

첫 번째 테마는 '원천 IP를 보유한 산업과 기업'입니다. 최근 미국의 마이크로소프트가 스타크래프트, 디아블로, 월드오브워크래프트 등의 글로벌 히트 게임들을 만든 게임 회사 액티비전블리자드를 687억 달러(한화 약 82조 원)에 인수했습니다. 마이크로소프트가 천문학적인 금액을 지불하고 게임 회사를 인수한 이유는 메타버스 세계에서 가능한 많은 사람을 끌어들여 오랫동안 머무르게 할 수 있는 원천 IP를 확보하기 위함입니다. 이러한 기업들을 찾아내는 것이 메타버스 투자의 가장 중요한 포인트입니다.

두 번째 테마는 '메타버스 플랫폼과 기술을 보유한 산업과 기업'입니다. 메타버스 플랫폼 구축에는 기존의 것과는 다른 새롭고 다양한 기술들이 적용됩니다. 블록체인 기술을 기반으로 한 메타버스 금융인 디파이가 그 대표적인 예라 하겠습니다. 성공적으로 메타버스 플랫폼을 구축해나가는 기업들과 메타버스 트렌드를 선도하는 관련 기업들까지 알아보겠습니다.

5장

원천 IP를 보유한 산업과
기업을 찾아라

METAVERSE

메타버스 시대의 투자에 있어 가장 먼저 할 일은 원천 IP를 보유한 기업을 찾는 것입니다. 앞서 1부에서도 언급된 바 있는 IP는 'Intellectual Property'의 약자로 '지식재산권'을 의미하며 음악, 영화, 게임, 소설, 웹툰, 미술 등의 사람이 만들어낸 창조물에 대해 법적으로 부여한 권리입니다. 여러분이 음악을 작사·작곡하거나, 미술품이나 웹툰을 그리거나, 영화나 게임을 제작한다면 여러분도 IP(지식재산권)를 가지게 됩니다.

여기에 '원천'이란 단어까지 붙이는 이유는 IP를 가지고 향후 여러 가지 활용이 가능하기 때문에 맨 처음 창작 또는 생산한 IP를 '원천 IP'라고 하는 것입니다. 이러한 원천 IP의 의미를 확실하게 알아두면 메타버스와 관련된 산업과 기업들을 이해하기 쉽기 때문에 꼭 유의해서 보아주시기 바랍니다.

그렇다면 메타버스에서는 왜 원천 IP가 중요할까요? 메타버스와 원천 IP는 대체 무슨 연관이 있을까요? 복잡한 설명보다도 실제 우리 주변에서 원천 IP를 활용한 성공 사례들을 통해 이해도를 높여봅시다.

그럼 일단 메타버스에서 당장 유용하게 사용될 원천 IP의 종류에는 어떠한 것들이 있을까요?

세상에는 너무나 다양한 원천 IP들이 있지만, 그중에서도 좀 추려보자면 1번 게임, 2번 엔터테인먼트, 3번 미디어 콘텐츠, 4번 미술품으로 우선순위를 매겨볼 수 있습니다. 물론 이것뿐만 아니라 다른 원천 IP들도 향후에 메타버스 안에서 활용도가 올라가고, 우선순위도 바뀔 가능성이 있습니다. 일단 처음에는 몇 가지 분야로 줄여서 알아보겠습니다.

게임 산업: 메타버스라는 가상세계로 사람들을 끌어들이는 IP

METAVERSE

필자는 학창 시절 스타크래프트Starcraft에 몰두했었는데요. 지금 우리 주변에서도 데스크톱, 노트북, PC방, 휴대폰, 콘솔 등을 통해 게임을 즐기는 인구가 증가하고 연령층과 성별을 불문하고 사용자층이 넓어지고 있습니다. 물론 게임의 장르와 종류 수도 다양해지고 있고요. 그렇다면 왜 게임이 메타버스 내에서 중요한 IP로서 기능을 하는 것일까요? 메타버스 시대가 열리게 되면 가장 중요한 요소 중 하나가 '사람들이 얼마나 메타버스(가상세계) 안에서 머물러 있게 할 수 있을까'입니다. 아무리 메타버스 시대가 열려도 사람들이 메타버스 세계 안에서 흥미를 느끼지 못하고 오래 머물러 있지 않으면 별다른 의미가 없습니다. 그렇다면 현재 이 세상의 원천 IP 중에서 사람들을 가장 오랫동안 머물러 있게 하는 IP가 무엇일까요? 바로 '게임 IP'입니다.

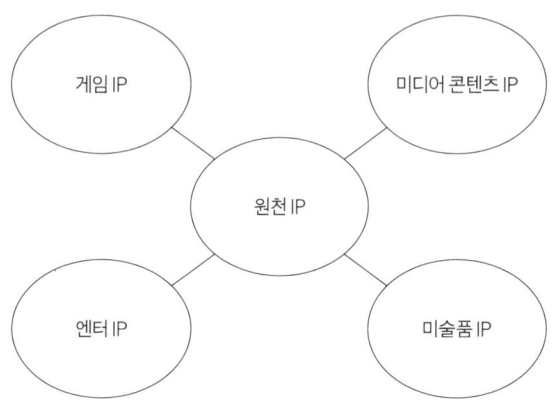

원천 IP의 종류

　미디어, 엔터테인먼트와 같은 분야의 IP들도 사람들의 많은 관심을 끌고 머무르게 할 수 있겠지만 게임만큼 사람들에게 매력적인 IP는 없습니다. 이것이 메타버스라는 가상세계가 게임 IP를 가장 필요로 하는 이유입니다. 일단 메타버스 시대가 열리면 현실세계의 사람들이 가상세계인 메타버스로 와서 오랜 시간 동안 머무를 수 있게 만들어야 하기 때문입니다.

위메이드: 게임 IP를 활용한 메타버스 경제 시스템을 구축하다

게임을 좋아하는 독자라면 '미르MIR'라는 게임을 한 번쯤은 해 보았거나 최소한 알고는 있을 것입니다. 미르의 제작사인 위메이드는 이전부터 '윈드러너', '이카루스' 등의 히트 게임을 많이 만들었던 게임 회사입니다.

하나같이 쟁쟁한 게임 라인업을 보유한 위메이드의 노력이 모여서 드디어 미르4라는 게임은 글로벌 대히트를 기록하게 되었습니다. 미르4는 2021년 8월 26일 한국 출시 후 중국을 제외한 170여 개국에 12개의 언어로 출시가 되었고 전 세계적으로 폭발

위메이드의 대표 게임 라인업(자료: 위메이드 IR 자료)

	8월 26일(출시일)	12월 7일
아시아	8개	106개
EU	2개	26개
NA	1개	46개
SA	–	35개
인도	–	10개
MENA	–	6개
총합	11개	229개

미르4 서버 수 추이(자료: 위메이드, 리딩투자증권)

적인 인기를 모았습니다. 위 표에 나와 있듯이 미르4가 처음 출시 (2021년 8월 26일 기준)되었을 때 서버 수는 총 11개였으나 2021년 12월에는 약 230여 개로 급증하게 되었습니다.

지금까지 우리나라 게임들은 한국, 일본, 대만, 동남아시아 등 대부분 아시아권에 머물러 있었으나 미르4는 미국과 캐나다를 비롯해 유럽까지 큰 흥행을 기록했습니다. 백인 게임 유저User(사용자)들에게도 미르4라는 게임이 통했다는 의미입니다. 또한 그동안 한국 게임의 불모지였던 중남미, 인도, 중동까지 서버가 새로 생기면서 문자 그대로 미르4는 글로벌 게임 IP로 거듭나게 되었습니다. 스타크래프트 같은 글로벌 게임은 외국에서만 만들 수 있는 게임인 줄 알았는데, 이제는 우리나라에서도 미르4와 같은 글로벌 게임을 만들 수 있게 된 것입니다.

앞서 언급했듯이 메타버스에서는 원천 IP가 기본적으로 필요한데 거기에 글로벌 원천 IP를 보유한다면 얼마나 대단한 것인지는 굳이 설명이 필요 없을 것입니다. 이렇게 위메이드는 미르4를 통해 글로벌 원천 게임 IP를 확보하게 되었습니다.

위메이드는 미르4를 통해 메타버스 세계에서 최초의 경제 시스템(수익 모델)을 전 세계 최초로 게임 IP를 통해 확인시켜주었습니다. 미르4로 엄청난 수익을 거둔 것도 중요하지만 그보다 더 중요한 것은 기존에 없던 새로운 수익 모델을 만들었다는 것입니다. 바로 P2E Play to Earn라는 방식으로 '게임을 하면서 Play 돈을 벌 수 있다 to Earn'라는 것입니다.

미르4에는 '흑철'이라는 주요한 자원 Resource이 있는데 게임 유

미르4의 주요 자원인 '흑철'(자료: 위메이드)

저는 미르4 게임을 하면서 채굴할 수가 있습니다(흑철은 과거 스타
크래프트 게임의 미네랄Mineral과 가스Gas 같은 개념으로 이해할 수 있습니
다). 유저는 이 흑철을 많이 채굴할수록 미르4 게임 안에서 보다
많은 것을 할 수 있습니다.

흑철은 위메이드가 만든 지갑Wallet에서 '드레이코DRACO'라는
유틸리티 토큰Utility Token으로 바꿀 수 있습니다. 유틸리티 토큰
은 쉽게 생각하면 화폐와 비슷한 기능을 가지는데, 특정 영역에
서만 사용 가능한 것입니다. 예를 들면 우리가 현실세계에서 사
용하는 지역 상품권과 비슷한데요. 중요한 점은 'DRACO'라는

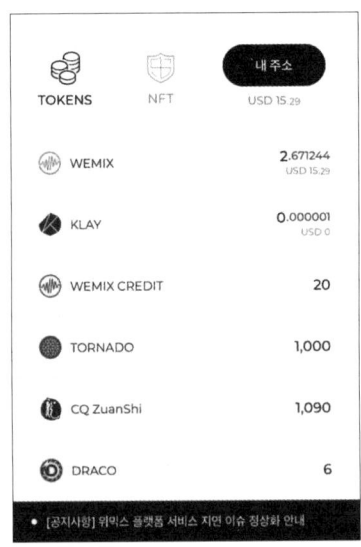

위믹스 월렛(자료: 위메이드)

유틸리티 토큰을 우리가 사용하는 '현금'으로 바꿀 수 있다는 것입니다.

위메이드는 '위믹스WEMIX'라는 가상화폐(코인)를 자체적으로 발행하는데요. 바로 DRACO를 위믹스 월렛Wemix Wallet을 통해 위믹스 코인으로 변환합니다. 위믹스 코인은 가상자산 거래소, 쉽게 말해 코인 거래소에서 사고파는 거래를 하면 현금으로 바꿀 수도 있고, 반대로 현금을 가지고 위믹스 코인을 살 수도 있습니다. 위믹스 코인은 국내 코인 거래소 2곳과 해외 코인 거래소 4곳인 총 6개의 코인 거래소에 상장돼 있으며, 국내에서 거래 가능한 거래소는 '빗썸Bithumb'과 '코빗Kobit'입니다.

여태까지 말씀드렸던 것을 간단히 정리하면 '흑철'을 'P2EPlay to Earn' 방식으로 게임을 즐기면서 채굴한 다음 '유틸리티 코인'인 '드레이코DRACO'로 교환하고, 이것을 다시 가상자산인 '위믹스WEMIX 코인'으로 바꿔 '코인 거래소'에서 '현금'으로 교환한다는 것입니다. 다음 페이지의 그림은 이것을 정리한 것입니다.

'NFT'라는 생소한 단어가 보이는데요. NFT는 'Non-Fungible Token'의 약자로 대체 불가능한 토큰이라는 의미를 지니고 있습니다. 즉 NFT는 세상에서 유일한 디지털 자산이라고 생각하면 됩니다. 각각의 NFT가 가지는 고유의 가치나 가격이 모두 다르기 때문입니다. 예를 들어 비틀즈의 원본 사인 CD를 가지고 있

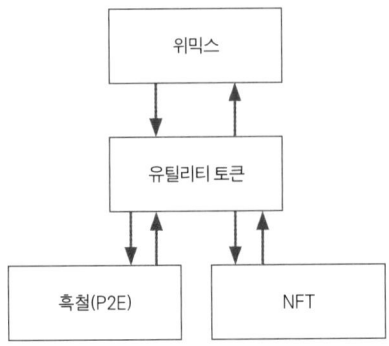

미르4 경제 시스템(자료: 리딩투자증권)

다고 한다면, 세상에서 유일무이한 비틀즈의 사인 CD일 것입니다. 이 사인 CD를 디지털화해서 만든 것을 'NFT'라고 생각하면 되는 것입니다.

그렇다면 왜 사람들은 NFT를 사는 것인지 몇 가지 이유를 짚고 넘어가 보겠습니다.

첫 번째는 희소성에 있습니다. 앞서 비틀즈 사인 CD를 예를 들어 설명해보자면 우리가 실제 가지고 있는 실물 비틀즈 사인 CD는 세상에서 유일하게 1개밖에 없으므로 당연히 희소성을 가지고 있습니다. 그럼 이것을 NFT로 만들었다고 가정하고, 이 비틀즈 사인 CD를 소재로 한 NFT를 100개로 나누어서 판매한다고 생각하면 이 세상에 100개밖에 없는 희소성을 가진 디지털 자산(NFT)이 되는 것입니다.

두 번째는 실물 자산 대비 큰돈을 들이지 않아도 된다는 것입니다. 실제 비틀즈의 사인 CD를 우리가 구입하려면 매우 비쌀뿐더러 설령 그만큼의 돈이 있다고 하더라도 구하기가 매우 어려울 것입니다. 하지만 NFT를 통해 구입하면 가격도 훨씬 저렴해지고 방법도 훨씬 간편합니다.

세 번째, 가치가 있는 NFT는 지속적으로 보유하면 가격이 올라서 나중에 구입했던 가격보다 더 비싼 가격으로 판매가 가능하다는 것입니다. 실물 비틀즈 사인 CD도 계속 보유하면 시간이

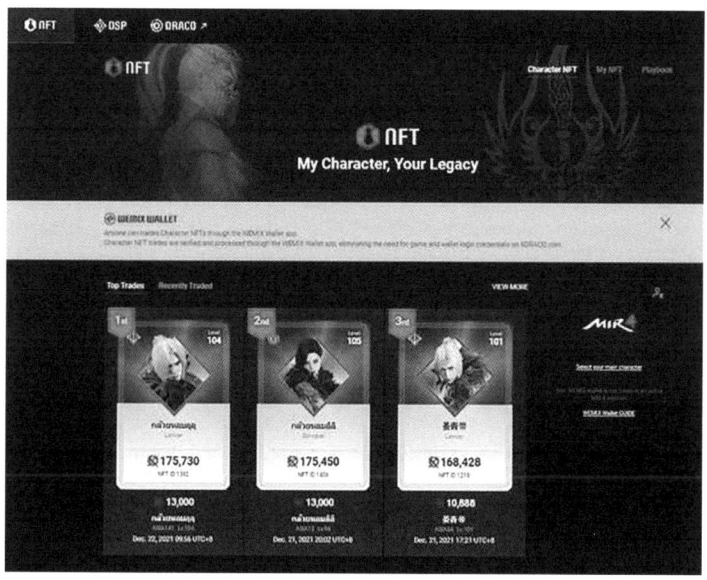

미르4 NFT(자료: 위메이드)

지나갈수록 가격이 더욱 상승할 텐데요. NFT도 마찬가지입니다. NFT 자체를 매매하는 NFT 마켓도 등장하고 있어 이제 NFT는 가상세계(메타버스) 내에서의 자산이 되고 있습니다. 지금은 별것 아니라고 느껴지는 NFT가 5년, 10년, 20년이 지나면 지금으로서는 상상도 못 할 수준의 가치가 돼 있을 수도 있는 것입니다.

그렇다면 NFT라는 것도 결국 의미가 있고 앞으로도 성장 가능한 원천 IP가 있어야 만들어낼 수 있고, 이것이 가치 부여를 받고 시간이 지나면 가치가 더욱 상승하는 구조가 되는 것입니다. 방금 전 비유를 든 비틀즈 사인 CD도 '비틀즈'라는 강력한 원천 IP가 있기 때문에 의미가 있는 것입니다.

그렇다면 위메이드는 무엇을 소재로 NFT를 발행하고 유통시킬까요? 바로 '미르4'라는 막강한 글로벌 원천 IP가 있기 때문에 가능한 것입니다. 게임 안에는 다양한 '캐릭터'와 '아이템'들이 있습니다. 이러한 캐릭터와 아이템을 소재로 NFT를 발행하는 것입니다.

'미르4 글로벌'의 캐릭터 NFT를 공개하자마자 단 하루 만에 '무사'와 '술사'의 캐릭터 NFT가 각각 1억 7000만 원에 거래되었습니다. 더욱이 이 가치는 시간이 흐를수록 얼마나 상승할지 누구도 예측하기 쉽지 않을 것입니다.

위메이드의 NFT는 '위믹스 크레딧WEMIX CREDIT'을 통해 거래가

WEMIX CREDIT → WEMIX

현재 보유		0.598944
전환 요청		0.593944
전환 후		**0.000000**

미르4 NFT 거래(자료: 위메이드)

이루어집니다. 위믹스 크레딧도 아까 설명한 '드레이코'처럼 유틸리티 토큰의 하나입니다. 위믹스 크레딧을 다시 '위믹스 코인'으로 바꾸고, 위믹스 코인을 '현금'으로 바꾸는 방식입니다.

이제 위메이드가 구축한 '미르4 글로벌'이라는 글로벌 원천 게임 IP를 가지고 ① 'P2E_{Play to Earn}' 방식을 통해 '흑철'을 채굴하고, ② 게임 '캐릭터'와 '아이템'을 가지고 NFT를 발행해서, ③ 이것을 각각의 호환되는 '드레이코_{DRACO}', '위믹스 크레딧_{WEMIX CREDIT}과 같은 '유틸리티 토큰'과 교환을 해서, ④ 가상자산인 '위믹스_{WEMIX} 코인'과 바꾸고, ⑤ 위믹스 코인을 당장 '빗썸_{Bithumb}' 또는 '코빗_{Kobit}'과 같은 가상자산(코인) 거래소에서 '현금'과 교환하는 '경제 시스템(수익 창출 모델)'에 대해 이해할 수 있을 것입니다.

위믹스 코인 시세 추이(자료: 빗썸)

위메이드의 가상자산인 '위믹스WEMIX'는 P2E와 NFT와 연동되면서 가상자산으로서 가치와 활용도가 급격히 증가하게 되었는데요. 이것만이 끝이 아닙니다. 위믹스는 미르4뿐만 아니라 위메이드의 다른 게임들 및 타 게임사들의 P2E와 NFT까지도 위믹스와 호환이 되도록 협력 관계를 강화해나가고 있습니다. 위믹스와 호환되는 게임들이 약 100개 이상이 되도록 목표를 가지고 지금 타 게임사들과의 협력은 강화되고 있습니다. 이러한 노력에 힘입어 위믹스의 가치는 2021년 3월에 약 70원이었던 것이, 8개월 후인 2021년 11월에는 무려 400배가 오른 약 2만 8000원까지 급등하게 되었어요. 쉽게 믿을 수 없는 상승률입니다.

여기서 눈치 빠른 분들은 투자에 대한 새로운 인사이트를 얻었을 것입니다. 의미 있고 성장 가능한 원천 IP를 보유한 기업들은 해당 '주식'에도 투자해야 하지만, 동시에 해당 '가상자산(코인)'에도 투자하면 동시에 두 마리의 토끼를 잡을 수 있다는 것을 말입니다.

카카오게임즈: 오딘을 필두로 다양한 게임 IP & 보라 코인

북유럽 신화를 소재로 한 게임 '오딘ODIN'은 2021년에 국내에서 출시되자마자 '리니지'의 아성을 깨고, 1위를 차지했던 게임입니다. 카카오게임즈는 오딘 게임 IP를 국내에서의 성공을 바탕으로 글로벌 게임 IP로 만들어나갈 계획이며, 2022년에 대만을 시작으로 해외로 본격적으로 진출할 예정입니다. 앞서 소개했던 위메이드의 미르4 글로벌처럼 오딘 역시 전 세계 게이머들이 플레이하는 게임이 될 수 있을 것으로 생각합니다.

카카오게임즈는 오딘의 가능성을 확인하고, 오딘의 게임 개발회사인 라이온하트의 지분을 30.37% 추가해서 총합 약 52%의 지분을 확보하게 되었습니다.

그러면 잠시 '오딘: 발할라 라이징'의 성공요인에 대해 알아보

오딘: 발할라 라이징(자료:
카카오 게임즈)

고 갈까요? 카카오게임즈는 그동안 퍼블리셔(카카오게임즈의 자회
사 또는 외부 게임 개발사가 개발·제작한 게임을 배급하는 비즈니스) 중심
의 사업을 주로 하는 회사였습니다. 하지만 외부 게임사의 대형
게임의 퍼블리싱 사업권이 없어지면 부득이하게 회사의 매출이
급감하는 안타까운 상황에 처해야만 했습니다. 또한 외부 게임
개발사에 높은 로열티Royalty를 지불해야 하므로 생각했던 것보다
돈을 벌기가 쉽지가 않았습니다. 이러한 상황을 개선시키기 위해
2021년 3분기에 오딘을 출시하면서 론칭한 지 약 4개월 만에 매
출액이 무려 4000억 원 이상을 기록하게 되었습니다.

'오딘: 발할라 라이징'의 성공요인은 첫 번째는 기대 이상의 엄
청난 그래픽Graphic입니다. 기존 모바일 게임 수준을 뛰어넘은 최

고의 품질을 오딘이 보여주었습니다. 고품질의 3D 그래픽을 활용하여 게임 캐릭터와 아이템의 높은 완성도가 성공의 가장 큰 요인입니다. 캐릭터에 대한 섬세한 묘사와 전투 장면에서 실제 전투를 보는 것과 같은 느낌을 준 것입니다.

두 번째는 게임 사용자들이 충분히 납득할 만한 과금 모델(게임에서 돈을 써야 하는 것)을 제시했다는 점입니다. 최근의 MMORPG(대규모 다중접속 역할수행 게임)는 게임에서 돈을 많이 지출하는 고과금 유저와 그렇지 않은 저과금 유저 간의 '능력치' 차이가 매우 크게 벌어졌습니다. 그러나 오딘은 과금의 여부와 게임에서의 능력치 차이가 크게 차이가 나지 않도록 했습니다. 오딘 게임 자체를 많이 하면 게임 캐릭터의 능력치가 올라가는 구조인 것입니다. 소위 돈을 써서 '장비 뽑기'를 하지 않아도 되는 것입니다. 게임은 하는 데에 많은 '시간'을 할애만 한다면 '장비'를 얻을 수 있고, 이는 곧 캐릭터의 '능력치'가 올라가는 구조입니다.

'오딘: 발할라 라이징'의 아이템 거래소는 생각보다 단순한 구조로 인해 탄탄한 수요와 공급의 균형을 맞추고 있습니다. 게임을 하면서 사냥을 통해 자금을 얻어서, 아이템으로 바꾸는 방식으로 말 그대로 '단순함의 미학'을 게임에 실현한 것이라고 생각하면 됩니다.

카카오게임즈는 '오딘: 발할라 라이징'을 통해 드디어 경쟁력

오딘 아이템 거래소(자료: 카카오 게임즈)

있는 원천 게임 IP를 보유하게 되었습니다. 물론 앞으로 오딘이 글로벌 시장으로 뻗어나가야 하는 숙제가 있기는 하지만 카카오 게임즈는 오딘 외에도 다양한 게임 IP를 확보하기 위해 끊임없이 노력하고 있습니다.

카카오게임즈는 이전까지는 신작을 많이 론칭하지 않았던 회사였습니다. 그런데 2022년에는 약 10여 개의 신작 게임을 공격적으로 론칭할 계획입니다. 왜 갑자기 카카오게임즈가 이렇게 공격적으로 신작 게임을 준비하는 것일까요? 이제는 독자 여러분도 바로 답을 알 수 있을 것입니다. 바로 '원천 게임 IP' 확보를 위한 것입니다.

출시 일정	게임	장르	자체개발/ 퍼블리싱 (개발사)	디바이스	지역
21년 4분기	엘리온(해외)	MMORPG	퍼블리싱 (크래프톤)	PC	북미·유럽
22년	우마무스메프리티더비	육성 시뮬레이션	퍼블리싱 (사이게임즈)	모바일	국내
22년 상반기	오딘: 발할라 라이징	MMORPG	퍼블리싱 (라이온하트)	PC+모바일	대만
	디스테라(Early access)	서바이벌 FPS	퍼블리싱 (리얼리티매직)	PC	글로벌 (Steam)
	Kakaopage Play(가칭)	스토리	자체개발 (애드페이지)	모바일	글로벌
	프렌즈샷: 누구나 골프	캐주얼	자체개발 (프렌즈게임즈)	모바일	글로벌
	프렌즈게임즈 신작	퍼즐	자체개발 (프렌즈게임즈)	모바일	글로벌
22년 하반기	프로젝트 아레스	액션 RPG	퍼블리싱 (세컨드다이브)	모바일	글로벌 (중국 제외)
	에버소울	수집형 RPG	퍼블리싱 (나인아크)	모바일	글로벌 (중국 제외)
	가디스오더	액션 RPG	퍼블리싱 (로드컴플릿)	모바일	글로벌 (중국 제외)
	엑스엘게임즈 신작	MMORPG	자체개발 (엑스엘게임즈)	모바일	글로벌

카카오 게임즈 신작 라인업(자료: 카카오게임즈)

2022년에는 '꿈을 걸고 달리는 소녀: 우마무스메 프리터더비'를 주력 게임으로 시작해서 상반기에는 디스테라, Kakaopage Play(가칭), 프렌즈샷: 누구나 골프, 프렌즈게임즈 신작을 선보이고, 하반기에는 프로젝트 아레스, 에버소울, 가디스오더, 엑스엘게임즈 신작을 선보일 계획으로, 2022년에는 카카오게임즈의 다

스포츠	kakaoVX × SENA	공간 제약 없는 Play 영역으로 진화
메타버스	neptune PUPPYRED⁺ ONMIND MAMMOG	오픈형 Metaverse World 자체 구축
NFT	FRIENDS GAMES	스포츠, 게임 및 메타버스에 특화된 NFT 거래소 개발

카카오게임즈의 비욘드 게임(자료: 카카오게임즈)

양한 게임 IP 확보에 주목하는 것이 좋을 듯합니다.

카카오게임즈는 게임에만 국한되지 않고, '비욘드 게임Beyond Game(게임을 넘어)'이라는 구호 아래, 게임 외의 영역(스포츠, 메타버스, NFT)으로 진출하면서 온·오프라인을 연결하는 플랫폼 구축을 시도하고 있습니다. 참고로 이름에서도 알 수 있지만 카카오게임즈는 카카오 그룹의 일원입니다. 카카오게임즈뿐만 아니라 카카오 그룹과의 시너지가 얼마든지 기대될 수 있는 회사입니다.

비욘드 게임은 주로 세 가지로 분류되는데 첫 번째는 '스포츠Sports'입니다. 카카오의 기술 및 서비스로 'New Sport Digital Transformation'을 달성하겠다는 목표입니다. '스크린골프 서비스 노하우'와 '홈 트레이닝 모션 인식 기술' 및 SENA의 통신기술이 조화되어 '공간 제약이 없는 Play 영역으로 확장'한다는 개념입니다.

두 번째는 '메타버스Metarverse'인데요. '넵튠의 유·무형자산' 및 '카카오 그룹이 보유한 콘텐츠'의 시너지 효과를 통한 '오픈형 Metaverse World를 자체적으로 구축'하는 것입니다.

세 번째는 'NFT'입니다. '골프 티타임 예약권' 및 '게임 아이템' 등 '다양한 디지털 콘텐츠 자산화'로 확장하여 '스포츠, 게임 및 메타버스에 특화된 NFT 거래소 개발'을 목표로 하는 것입니다.

여기에서 눈길을 끄는 것이 바로 '메타버스'와 'NFT'입니다. 카카오게임즈는 카카오 그룹과 더불어 자체 메타버스와 NFT 거래소까지 염두에 두고 큰 그림을 그리고 있습니다.

카카오게임즈도 '보라BORA'라는 이름의 자체 코인이 있습니다. 카카오게임즈와 연동된 보라 코인은 앞의 위메이드-위믹스 코인의 예와 그 흐름을 같이하고 있습니다. 카카오게임즈는 앞으로 약 20여개의 게임회사&엔터테인먼트회사&블록체인 기술사들과 함께 '보라 네트워크'를 구축하여 본격적으로 '보라 2.0 생태계'를 구축해 나갈 것입니다. P2E게임부터 NFT까지 본격적으로 추진하며, 디파이까지 영역을 확장해 나갈 계획이다. 따라서 앞으로 '보라 코인'의 확장성이 더욱 강화될 것이다.

보라 코인도 우리나라 코인 거래소인 빗썸, 업비트, 코인원 등에 상장돼 있습니다. 여러분이 보라 코인을 코인 거래소를 통해 얼마든지 현금과 맞바꿀 수 있습니다.

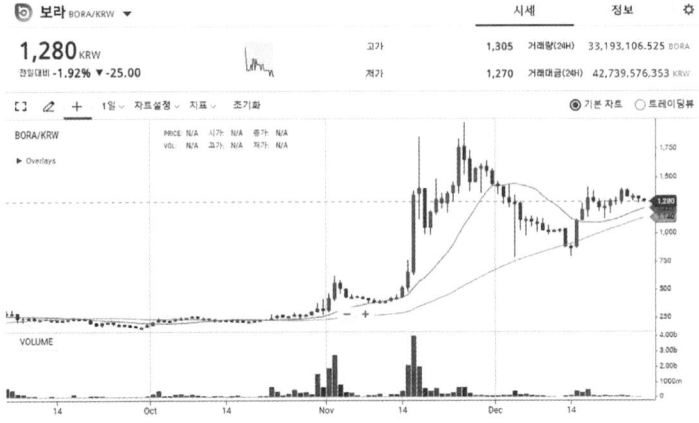

보라 코인 추이(자료: 업비트)

　보라 코인은 2021년 1월에 약 30원이었던 가격이 2021년 11월에는 약 1800원까지 60배가 상승했습니다. 보라 코인도 상승률이 엄청나죠? 앞으로 오딘의 글로벌화 및 신규 게임 IP들이 가세하고 카카오 그룹의 시너지까지 더해진다면 얼마나 더 가치가 상승하게 될까요?

　'카카오게임즈 – 보라 코인'으로 연결되는 원천 IP와 연동된 '주식 – 코인' 투자 목록에 포함된다는 점을 꼭 잊지 마시기 바랍니다.

펄어비스: 게임 자체 개발엔진을 주목하라

'검은사막'이라는 게임은 펄어비스에서 개발 및 일부 지역에 대한 유통까지 직접 담당하고 있습니다. 글로벌 150여 개국, 12개 언어로 약 4000만 명의 게임 플레이어들이 열광하는 MMORPG 게임입니다.

검은사막이라는 어디에도 뒤처지지 않는 게임 IP를 보유하고 있지만, 이번에는 좀 다른 이야기를 해보도록 하겠습니다. 원천 IP도 메타버스에서 중요하기는 하지만, 펄어비스에게는 다른 게임 회사에는 없는 특별한 한 가지가 더 있습니다. 그게 대체 무엇일까요?

검은사막(자료: 펄어비스)

게임 회사들이 게임을 개발·제작하려면 게임 개발엔진을 사용해야 합니다. 전 세계적으로 게임 회사들은 보통 2개의 엔진을 사용합니다. ① 언리얼Unreal 엔진과 ② 유니티Unity 엔진을 통해 대부분의 게임이 개발됩니다. 그런데 펄어비스는 자체적인 게임 개발엔진을 사용해서 게임을 개발하고 있답니다. 자동차에 비유하자면 자동차 메이커들은 많지만 실제로 스스로 엔진을 개발해서 자체 엔진을 보유한 자동차 회사들은 많지 않듯이 말이죠.

그렇다면 펄어비스가 게임 '자체 개발엔진'을 보유하고 있는 것이 왜 그렇게 의미가 있고, 대단한 것일까요?

메타버스가 현실화가 되면 당장에 메타버스가 구현될 기기Device는 바로 우리가 매일같이 손에서 놓지를 않는 모바일(휴대폰)이 될 것입니다. 당장에는 모바일만 한 디바이스가 없을 것이기 때문이죠. 메타버스 기반의 게임 또는 영상 등은 필연적으로 고사양의 그래픽 및 데이터를 수반할 것입니다. 메타버스에 걸맞은 소프트웨어라면 고사양의 그래픽 및 데이터는 어찌 보면 당연한 것입니다.

여기서 한 가지 과제가 떠오르게 됩니다. 모바일 환경에서 훌륭한 퀄리티의 그래픽과 많은 용량을 가진 게임 또는 영상을 휴대폰에서 가장 안정적으로 문제없이 구현할 수 있느냐가 관건이라는 것입니다. 바로 여기서 펄어비스가 검은사막 게임을 통해

펄어비스의 AI 기반의 자체 엔진 그래픽(자료: 펄어비스)

이러한 것들을 가장 잘할 수 있는 자체 개발엔진을 보유했다는 것을 증명했습니다.

펄어비스의 자체 개발엔진을 사용하면 ① 세계 최고 수준의 그래픽, ② 빠른 콘텐츠 개발 속도 확보, ③ 플랫폼 호환 기술력, ④ AI 기반 자동화 시스템, ⑤ 외부 엔진 사용에 따른 비용 및 신규 버전 출시에 따른 교체비용이 없다는 다양한 장점들이 있습니다.

앞으로 메타버스가 본격적으로 열리게 된다면 수많은 메타버스용 게임 및 영상 등을 만들어야 하는데, 펄어비스의 자체 개발엔진을 사용하기 위해 너도나도 앞다투어 펄어비스로 달려올 것이라고 예상됩니다. 어찌 보면 우리가 상상하는 것 이상으로 펄어비스의 차제 개발엔진을 활용한 새로운 비즈니스 모델은 메타버스 시대에 엄청난 파괴력을 가지고 있을지도 모릅니다.

다시 원천 IP로 돌아가 보도록 하겠습니다. 펄어비스는 검은사막이라는 빅히트작 외에도 다양한 게임들을 보유하고 있으며 앞으로 출시 예정인 게임들도 있습니다. 펄어비스는 유럽의 게임 업체인 CCP 게임즈CCP Games를 인수했는데요. 'EVE'라는 게임 IP를 가지고 글로벌(중국 포함) 서비스를 하고 있습니다. EVE-온라인 게임에서도 NFT 서비스를 시작하면서 펄어비스도 NFT를 시작하고 있습니다.

또한 검은사막에 이은 새로운 게임인 '붉은사막'이 2022년에 출시가 예상되고 있습니다. 검은사막과는 다른 게임이며, 붉은사막이 출시되면 검은사막과 더불어 펄어비스의 또 다른 메인 게임 IP로 자리 잡을 것으로 예상되는 기대작입니다.

무엇보다 펄어비스의 가장 큰 기대작은 바로 메타버스 기반의 게임인 '도깨비DokeV'입니다. 2023년 출시를 목표로 한창 개발 중인 게임인데, 게임 플레이 트레일러 영상이 공개되자마자 엄청난 기대감을 불러 모으기에 충분했습니다.

2023년에 메타버스 기반 게임 '도깨비'가 출시된다면 게임 시장에 일대 지각변동을 일으킬 것으로 예상됩니다. 거의 모든 세대를 아우르는 게임이 될 수 있을 것이라 생각합니다. 이렇게 된다면 펄어비스는 기존 '게임 IP'+'자체 개발엔진'+'메타버스 기반의 게임 IP'까지 메타버스 시대에 필요한 많은 것들을 가지게 됩니다. 또한 앞으로도 펄어비스는 다른 게임사들이 하는 P2E와

메타버스 기반 게임, 도깨비(자료: 펄어비스)

NFT 및 그와 연동된 가상자산 등에 대해서도 무한한 가능성이 열려 있기 때문에 엄청난 잠재력이 있다고 판단됩니다. 펄어비스의 성장성과 잠재력을 주목하시기 바랍니다.

컴투스: 컴투버스를 통한 블록체인 메타버스 플랫폼으로 도약

'서머너즈 워' 시리즈 게임을 해보셨던 분들은 컴투스란 회사가 익숙할 겁니다. 서머너즈 워 게임은 컴투스의 대표 게임 IP입니다. '서머너즈 워: 천공의 아레나', '서머너즈 워: 백년전쟁'으로 벌써 출시된 지 7년이 넘은 글로벌 유저들을 많이 보유한 게임입니다. 2022년 1분기에 출시되는 신작 '서머너즈 워: 크로니클'에 블록체인을 도입해서 P2EPlay to Earn 방식을 적용한다고 해서 화제가 되고 있습니다.

컴투스의 모회사는 컴투스홀딩스(구 게임빌)입니다. 컴투스와 컴투스홀딩스의 통합 게임 플랫폼이 '하이브Hive'이며, 하이브 플랫폼에 가입하면 다양한 게임들을 이용할 수 있습니다. 또한 하이브 플랫폼에서 앞으로 사용하게 될 토큰Token이 바로 가칭 'C2X'입니다. 하이브는 단순한 플랫폼을 넘어 하이브 플랫폼 내의 블록체인 전용 SDKSoftware Development Kit(소프트웨어 개발 키트)를 통해 블록체인 개발사들은 하이브 플랫폼 생태계로 모으겠다는 전략입니다.

컴투스는 2021년에 위지윅스튜디오의 경영권을 인수 및 더샌

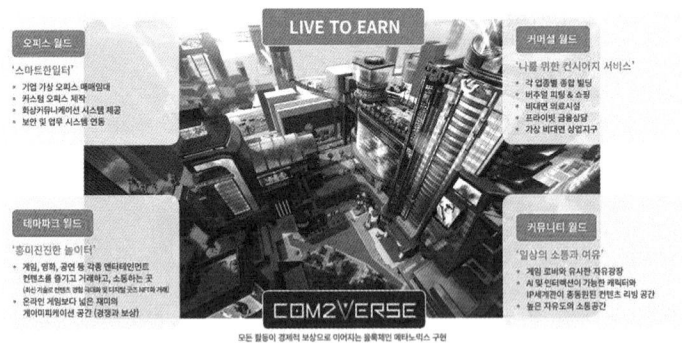

컴투버스: 블록체인 '메타노믹스(메타버스+토큰경제)' 플랫폼(자료: 컴투스)

드박스에도 투자사로 참여하는 등 메타버스와 블록체인을 위한 투자에 적극적이었습니다.

'컴투버스Com2Verse'는 컴투스가 추구하는 블록체인 '메타노믹스(메타버스+토큰경제)' 플랫폼이며, 4개의 테마(오피스 월드, 테마파크 월드, 커머셜 월드, 커뮤니티 월드)로 구분됩니다. 경제(일터)·사회(생활)·문화(놀이)를 포괄하는 ALL-IN-ONE 메타버스 계획도시 개념인데, 실생활을 구현한 가상세계에 '게이미피케이션 Gamification(게임화)'을 투영한 독자적 블록체인 생태계를 구축하려고 합니다. 컴투버스는 이러한 것들을 구현하기 위해 글로벌 메타버스 파트너십 생태계를 구축하고 있습니다. 게임·블록체인·콘텐츠 분야의 파트너사를 구축하며, 파트너사들의 투자 가치만 약 1조 원 이상 규모입니다.

컴투스의 모회사 컴투스홀딩스은 ① NFT 게임 개발, ② NFT 기반 디지털 자산 거래소 사업, ③ 가상화폐(가칭 'C2X') 발행, ④ 국내 코인 거래소 코인원의 2대 주주로서 가상화폐 거래소 사업을 진행할 계획입니다. 컴투스 그룹(컴투스홀딩스, 컴투스, 데브시스터즈, 래몽래인)이 만들어나가는 메타버스 생태계를 지켜보시기 바랍니다.

엔터테인먼트 산업: 한류의 원조 IP, 이제는 글로벌 IP로 도약

METAVERSE

BTS(방탄소년단), NCT, EXO, 빅뱅, 소녀시대, 블랙핑크, 트와이스, G-Idle, 에스파, ITZY, 쎄븐틴 등 수없이 많은 K-POP 아티스트들이 한국을 넘어 세계를 열광시키고 있습니다.

이제는 해외에 나가보면 길거리에서 K-POP 음악을 심심치 않게 들을 수 있습니다. 특히나 외국의 학생, 젊은이들이 많은 곳에 가면 어김없이 K-POP을 듣는 장면을 목격할 수 있습니다. 근래 COVID-19로 해외에 나가기 어렵지만, COVID-19로 전 세계가 어려운 시간을 보내는 동안에도 K-POP은 유튜브 등을 통해 전 세계 구석구석으로 뻗어나갔습니다.

이전에는 K-POP이 아시아권(한국, 일본, 대만, 중국, 동남아시아, 중동)에 국한돼 있었지만, BTS를 필두로 글로벌 K-POP으로 거듭나고 있습니다. 이제는 미국, 유럽, 중남미, 오세아니아, 아프리카 어디에 가든지 K-POP은 하나의 음악 장르로서 당당하게 자리를 잡았고 그 영역을 확장해나가고 있습니다.

그런데 K-POP이 개척해나가야 할 추가적인 지역이 또 한 곳이 있습니다. 바로 미지의 신대륙, 메타버스입니다.

메타버스에서 원천 IP의 필요성과 중요성은 아무리 강조해도 지나치지 않습니다. 그중 '엔터 IP'도 매우 강력하고 의미 있는 IP입니다. 많은 사람이 TV나 인터넷 또는 유튜브를 통해 K-POP 가수들의 공연 영상들을 자주 시청합니다. 언젠가 코로나 팬데

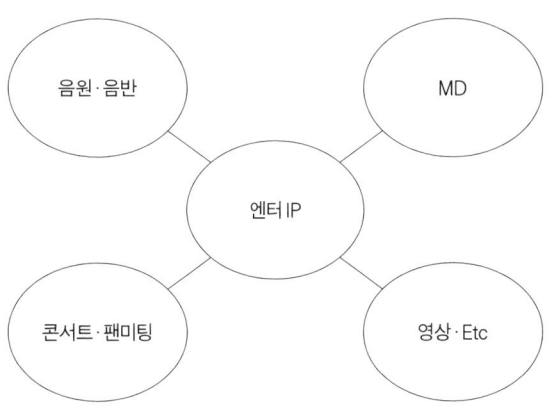

엔터테인먼트 IP(자료: 리딩투자증권)

믹이 종료되면 아티스트들의 콘서트나 팬미팅도 폭주할 것입니다. 이처럼 엔터 IP도 많은 사람이 소비하고 머무르게 하는 기능이 있습니다.

하이브: BTS를 앞세워 메타버스까지 점령한다

BTS(방탄소년단)는 자타가 공인하는 전 세계 정상급의 아이돌입니다.

하이브의 원래 회사명은 빅히트Bighit 엔터테인먼트였으며 여러 엔터테인먼트 회사들을 인수합병M&A하면서 회사명을 '하이브'로 바꾸었습니다. 회사명은 바뀌었지만 BTS가 속해 있다는 것은 변함이 없으며, 추가적으로 다양한 아티스트들이 더해진 것입니다.

하이브에는 BTS만 있는 것이 아닙니다. 하이브의 소속 아티스들에 대해 잠시 알아보겠습니다. 일단 대한민국이 낳은 최고의 K-POP 아티스트이자 K-POP을 글로벌화시킨 BTS를 간략히 소개하겠습니다. BTS는 총 7명(RM, 진, 슈가, 제이홉, 지민, 뷔, 정국)으로 구성된 남성 보이그룹으로 2013년에 데뷔한 이후 〈DNA〉, 〈Fake Love〉 등의 수많은 곡을 히트시키면서 빌보드 차트 1위를 달성했습니다. 여기에 AMAAmerican Music Award 대

회사명	그룹명
빅히트뮤직	BTS(방탄소년단) TXT(투모로우바이투게더)
플레디스엔터	세븐틴 뉴이스트
케이오지엔터	지코
빌리프랩	엔하이픈
빅히트 아메리카	아리아나 그란데, 저스틴 비버
쏘스뮤직	신인 데뷔 예정
빅히트 재팬	신인 데뷔 예정

하이브 아티스트 라인업(자료: 하이브, 리딩투자증권)

상을 수상(2021년)하는 등 세계 음악 역사의 한 페이지를 장식하고 있습니다.

BTS에게는 '아미ARMY'라고 불리는 세계 최고의 팬덤Fandom이 있습니다. 아미는 전 세계 곳곳에 존재합니다. BTS에 대한 절대적인 신뢰 및 상호교감을 통해 높은 충성도를 보여주고 있습니다. 지금 이 순간에도 아미의 숫자는 증가하고 있는 중입니다. 주목해야 할 점은 아미의 많은 숫자가 10~20대의 젊은 층이란 것입니다.

앞으로 메타버스 시대가 열릴수록 10~20대가 주력인 아미들이 메타버스라는 가상세계에서 얼마나 활발히 활동을 할지 상상해보기 바랍니다. 우리가 사는 현실세계에서의 팬덤은 가상세계

BTS와 ARMY(자료: NAVER)

인 메타버스까지 이어집니다. 어찌 보면 현실세계에서 팬덤의 활동보다도 가상세계인 메타버스에서 팬덤의 활동이 더 활발하게 일어날 수 있습니다. 왜냐하면 아미는 국내 팬덤보다도 해외 팬덤이 훨씬 많기 때문입니다. 외국 사람들은 한국 사람에 비하면 TV와 같은 언론에서 BTS를 접하기가 쉽지 않고, 시간대도 다르며, 실제로 BTS를 본다는 것은 평생 한 번 있을까 말까 한 일이기 때문이죠. 그렇지만 메타버스 세상은 시간과 공간을 초월합니다. 언제 어느 곳에 있든지 메타버스를 통해 내가 좋아하는 아티스트들과 소통할 수 있는 공간이 바로 메타버스입니다.

BTS와 같은 천하무적의 엔터 IP를 보유하고 있다면, 현실세계에서도 엔터테인먼트 회사가 할 수 있는 모든 것을 시도할 수 있고, 가상세계인 메타버스에서도 가장 많은 것을 시도할 수가 있습니다. 물론 그 결과 또한 기대 이상일 것입니다.

두 번째로 알아볼 하이브의 아티스트는 세븐틴SEVENTEEN입니다. 세븐틴은 다국적(한국, 미국, 중국)의 13인조 남자 보이그룹으로 앨범을 발매하면 100만 장 이상 판매하는 밀리언셀러 그룹입니다. 소속은 플레디스PLEDIS 엔터테인먼트인데, 플레디스가 하이브에 인수되면서 하이브의 한 식구가 되었습니다.

세븐틴은 빅뱅-EXO-BTS로 이어지는 K-POP 대표 남자 아이돌의 계보를 이어나갈 그룹입니다. COVID-19만 아니었다면 세븐틴이 전 세계 곳곳에서 월드투어를 하며 매진시켜나가면서 콘서트를 진행했을 것인데 아쉬울 따름입니다. 하지만 세븐틴도 음

세븐틴(자료: 하이브)

원·음반과 유튜브 등을 통해 팬덤을 확장해나가고 있습니다.

다음은 이름 그대로 월드스타인 저스틴 비버Justin Bieber와 아리아나 그란데Ariana Grande입니다. 어떻게 저스틴 비버와 아리아나 그란데가 하이브 소속이 되었을까요? 저스틴 비버와 아리아나 그란데의 소속사인 이타카 홀딩스Itacha Holdings를 하이브가 인수했기 때문입니다. 한국을 넘어서 팝 음악의 본고장인 미국의 엔터 회사를 인수한 것을 보면 하이브가 명실상부한 글로벌 엔터테인먼트 회사란 점은 분명해 보입니다. 저스틴 비버와 아리아나 그란데의 팬덤은 북미 시장을 비롯해 전 세계 곳곳에 있으므로 그 영향력과 파급력은 말로 할 수 없을 정도입니다.

하이브에는 BTS, 세븐틴, 저스틴 비버와 아리아나 그란데 외

저스틴 비버와 아리아나 그란데(자료: NAVER)

에도 뛰어난 아티스트들이 더 있습니다. 일단 BTS와 같은 빅히트 뮤직에는 TXT Tommorow X Together(투모로우바이투게더)가 있고, 세븐틴과 같은 플레디스 엔터에는 뉴이스트NU'EST가 있으며, CJ ENM과의 합작설립회사인 빌리프랩에는 엔파이픈ENHYPEN이 있습니다. 케이오지엔터 소속에는 지코ZICO가 있죠. 또한 쏘스뮤직과 빅히트 재팬 등에서도 남녀 신인 그룹들이 데뷔할 예정이라서 앞으로 하이브의 엔터 IP는 더욱 강력해지고 다양해질 전망입니다.

하이브가 BTS를 비롯한 막강한 엔터 IP를 가지고 있다는 것을 확인해보았습니다. 하이브는 우선적으로 NFT 비즈니스부터 시작하기로 했습니다. BTS와 세븐틴 등의 아티스트들과 관련된 NFT라고 생각하면 기대치가 클 수밖에 없습니다.

하이브는 우리나라 1위 가상자산 거래소 사업자인 두나무DUNAMU와 JVJoint Venture를 설립해서 NFT 사업을 하기 위한 전략적 제휴를 맺었습니다. 하이브와 두나무는 서로의 회사 지분을 스왑(교환)했는데 하이브가 두나무의 지분을 2.84% 보유하고, 두나무는 하이브의 지분을 5.57% 보유하게 되었습니다. 쉽게 생각하면 서로 친척 관계가 되었다고 보면 됩니다.

2022년부터 본격적으로 하이브의 NFT가 선보일 예정입니다. 하이브의 주요 아티스트 및 MDMerchandise(예: 아티스트 관련 각종 기념품 및 관련 물품) 위주의 NFT부터 시작될 가능성이 높습니다. 특히나 BTS 관련 NFT는 전 세계 모든 사람이 서로 소유하려고 할 것입니다. 또한 사업 파트너가 두나무이기 때문에 하이브의 가상자산(코인) 관련 사업에 대한 기대감도 높은 상황입니다. 하이브와 두나무의 멋진 콜라보(협력)를 기대해봅니다.

하이브는 기본적으로 원천 엔터 IP를 가지고 있지만, 이것을 활용해서 게임 IP까지고 확보하려고 합니다. BTS가 직접 개발 과정까지 참여하는 'Inter-active(상호교감)' 게임을 2022년에 출시할 예정입니다. BTS의 팬이라면 반드시 한 번쯤은 꼭 해봐야 할 게임일 것입니다. 하이브는 이와 같이 '사용자'가 곧 '개발자'가 될 수 있도록 서로 상호교감 형태의 새로운 '메타버스 생태계 구축'을 시도하고 있습니다.

하이브는 위버스WEVERSE라는 최고의 엔터테인먼트 플랫폼을

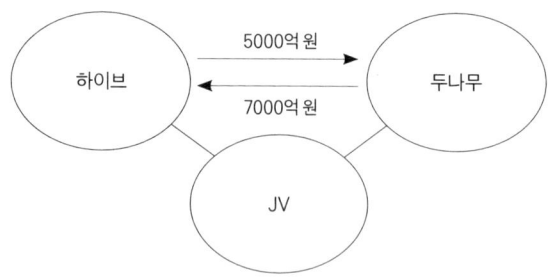

하이브와 두나무의 전략적 제휴(NFT 사업 전개)(자료: 하이브, 리딩투자증권)

보유하고 있습니다. 2022년에는 위버스와 네이버의 'V-Live'가 통합될 예정입니다. 따라서 앞으로 이 통합 플랫폼을 통해 또 어떻게 메타버스에 대응해나갈지 지켜보면 좋을 듯합니다. 하이브는 알면 알수록 단순한 엔터테인먼트 회사가 아니라 미래의 메타버스 시대에 최적화된 엔터테인먼트 회사라는 것을 알 수 있습니다.

에스엠: 엔터테인먼트 제국, K-POP 업계를 선도하다

에스엠엔터테인먼트 그룹을 빼놓고 엔터테인먼트 이야기를 할 수는 없을 것입니다. 현재 우리가 보고 듣고 즐기는 K-POP 엔터테인먼트 산업을 구축한 장본인이 바로 에스엠엔터입니다. 에스엠의 엔터테인먼트 산업에 대한 노력과 열정이 없었다면 현재 우리나라 K-POP 산업은 지금과 같은 위상을 갖기가 어려웠을 것입니다.

한국과 일본을 동시에 점령한 동방신기, 걸그룹의 대명사 소녀시대, 그리고 슈퍼주니어, 샤이니, 레드벨벳, EXO, NCT, 에스파 등등 이름만으로도 대단한 그룹들이 에스엠에 수두룩합니다.

에스엠엔터 그룹에 가수들만 있는 것은 아닙니다. 엔터테이너

Entertainer들도 에스엠엔터 그룹에 많이 속해 있습니다. 강호동, 신동엽, 이수근, 전현무, 서장훈, 김병만 등 너무나도 유명한 이들이 에스엠엔터 그룹에 속해 있습니다. 여기에 연기자(배우)들도 수십 명이 또 속해 있고요. 장윤주, 한혜진 등 유명한 모델들과 다수의 운동선수(골프, 쇼트트랙 등)들도 에스엠엔터 그룹 소속입니다.

에스엠에 소속된 아티스트들 중 현재 가장 핵심이 되는 2개의 그룹(보이그룹 1개, 걸그룹 1개)만 소개해보겠습니다. 첫 번째로 'NCTNeo Culture Technology'입니다. NCT는 멤버 수만 총 23명인 다국적(한국, 미국, 일본, 중국, 태국, 캐나다, 홍콩, 마카오, 대만) 그룹입니다. 인원이 많기 때문에 NCT는 주로 4개의 유닛(UNIT, 부분 그룹의 개념)으로 나뉘어 활동하다가 때때로 하나의 완전체(통일된 하나의 그룹)로 뭉쳐서 활동합니다.

NCT의 4개 유닛에는 ① NCT U ② NCT 127 ③ NCT Dream ④ Way-V(중화권 활동)로 분류됩니다. 향후에 미국 시장 진출을 위해 'NCT-Hollywood'도 론칭할 계획입니다. NCT는 2021년 한 해 동안 1000만 장이 넘는 음반을 판매할 정도로 23명 멤버의 파워가 대단합니다. NCT는 무서운 속도로 성장하는 보이그룹이며 에스엠엔터의 EXO를 잇는 슈퍼스타로서 기대가 됩니다.

두 번째로는 카리나, 윈터, 지젤, 닝닝의 '에스파AESPA'라는 다국

NCT 완전체(자료: 에스엠)

적(한국, 일본, 중국)의 4인조 걸그룹입니다. 데뷔할 때부터 각각의
멤버와 연동되는 가상 캐릭터로 주목을 끌었습니다. 다음 그림에
서 에스파의 멤버 옆에 가상 캐릭터(또 다른 자아인 아바타의 개념)도
같이 서 있는 것을 볼 수 있습니다. 어느덧 현실과 가상이 공존하
는 시대가 성큼 다가온 것입니다. 에스파는 K-POP 아티스트가
메타버스화되는 초기 단계라고 볼 수 있습니다. 또한 에스엠엔터
의 메타버스 프로젝트의 첫 단계라고도 할 수 있습니다. 에스엠
엔터는 항상 K-POP 업계를 선도해나가는 느낌입니다.

　에스엠은 메타버스를 접목한 초거대 버추얼 세계인 'SMCU<sub>SM
Culture Universe</sub>'를 통해 미래의 콘텐츠 세계를 이끌어나가려고 합
니다. 에스엠엔터 그룹이 보유한 다양한 콘텐츠들을 NFT와 연
결시키는 비즈니스를 진행 중이고 2022년에 첫 NFT가 선보일

에스파(자료: 에스엠)

예정입니다. 에스엠의 이수만 프로듀서가 솔라나 재단이 개최한 'Breakpoint 2021' 컨퍼런스에서 언급한 내용을 참조하면 보다 깊은 이해가 가능할 것입니다. K-POP 산업을 체계화시키고, 현재의 위치까지 발전시켜온 엔터테인먼트 거장의 내공이 느껴지는 부분으로 메타버스 시대까지도 통찰력을 가지고 선도해나가는 모습이 인상적입니다.

에스엠 이수만 프로듀서

"메타버스의 세계관 혹은 스토리를 형성하는 각각의 콘텐츠들은 모두 NFT로 연결될 것이다."

"100명, 1000명이 전 세계에서 머리를 모으고 창조력을 발휘해 하나의 NFT 콘텐츠를 함께 Create하고, NFT 콘텐츠의 퍼센티지를 소유하게 되는 형태로 만들어야 한다."

"이렇게 탄생한 NFT 콘텐츠들은 'Lifetime Value'를 갖게 돼 한 번 소비하고 없어지는 것이 아니라, 라이프타임 동안 프로슈머·프로듀서 등 관계하는 사람들이 모두 가치를 갖게 될 것이고 NFT는 'Lifetime Value'를 갖게 하는 블록체인이라고 할 수 있다."

"블록체인으로 보호되고, 소유자가 기록돼서 다 할 수 있는, 또 변화시킬 수 없는, 메타버스 콘텐츠는 소장되는 그림처럼 코인으로 값이 책정되기도 한다."

"NFT를 통한 콘텐츠 거래가 활발해짐에 따라 코인이 트레이딩 거래소를 통해 거래되는 것처럼 NFT 거래소도 굉장히 중요하게 될 것이다."

디어유: SM & JYP가 만들어가는 메타버스 플랫폼

에스엠엔터테인먼트와 JYP엔터테인먼트가 함께 키워나가는 엔터테인먼트 플랫폼이 있습니다. 이름하여 '버블Bubble'이라는 플랫폼입니다. 버블의 가장 큰 장점이자 차별되는 점은 우리가

'버블' 메신저(자료: 디어유)

좋아하는 아티스트들과 직접 메시지를 주고받으면서 소통을 할
수 있다는 점입니다. 내가 좋아하는 아티스트들과 메시지를 주고
받을 수 있다니, 팬 입장에서는 정말 놀라운 일일 것입니다.

디어유의 '버블' 메신저에는 에스엠엔터와 JYP엔터의 아티스트
들이 입점해 있습니다. SM과 JYP의 팬이라면 당연히 버블 메신
저에 가입해서 좋아하는 아티스트들과 소통하는 시간을 가져보
고 싶을 것입니다. 버블은 기존 SM과 JYP 소속의 아티스트 외에
도 국내외 아티스트들을 입점시켜나가면서 라인업Line-Up을 확장
해나가고 있습니다.

앞으로의 시대는 팬덤들이 직접적으로 참여하는 플랫폼이 팬

커뮤니티Fan Community의 중심이 될 것입니다. 그것도 특정 지역에 국한된 것이 아닌 글로벌화된 플랫폼으로 말입니다. 특히나 MZ세대로 갈수록 미디어 중에서 모바일을 사용하는 비중이 절대적으로 많습니다. 밀레니얼 세대는 모바일 사용 비중이 43.1%, Z세대는 모바일 사용 비중이 44.2%입니다. 즉 MZ세대는 TV, PC, 모바일 중에서 모바일을 약 43~44%의 비중으로 제일 많이 사용합니다. 향후 메타버스 시대가 열리더라도 모바일에서 메타버스 소프트웨어가 가장 잘 작동해야 한다고 이전에 이야기했는데 엔터테인먼트 산업 역시 마찬가지입니다. 팬덤들이 휴대폰에서 가장 많이 메타버스를 활용할 것이기 때문입니다.

팬덤을 중심으로 하는 '팬더스트리Fan+Industry'는 점점 성장해 나가고 있습니다. 2020년 기준으로 '한류 동호회'의 회원 수는 전 세계에서 1억 명을 돌파했습니다. 한류 동호회의 1억 명 이상의 회원들의 구매력은 무려 8조 원 이상으로 추정되고 있습니다.

디어유는 메타버스 플랫폼 계획을 가지고 있습니다. 2022년 상반기에는 '마이홈'의 베타 서비스를 시작할 예정입니다. 마이홈은 버블 내의 프로필에서 '개인 Room 제공'을 통한 디지털 아이템 판매 및 추가적인 액티비티Activity를 제공하는 것입니다. 본격적으로 '팬슈머Fansumer = Fan+consumer'를 공략한 비즈니스가 확장되는 것입니다. 여기에다가 실시간 커뮤니케이션을 가능하게 하기 위해 '버블 Live를 오픈' 및 다양한 '팬 기프트Fan Gift 전달 기능 추가'를 통한 다양한 서비스를 제공할 예정입니다. 최종적으로는 'UGCUser Generated Contents 아이템: 사용자 제작 아이템'을 거래하는 생태계를 마련해서 디지털 경제활동을 활성화시키는 플랫폼으로 진화할 계획입니다. 현재 버블의 전체 구독 수가 2021년 말 기준으로 약 120만 건이고, 전체 구독 수 중 해외 비중이 약 70%입니다. 여기에 위와 같은 서비스들이 더해진다면, 더욱더 많은 사용자가 전 세계에서 버블 메신저를 사용할 것으로 보입니다.

중장기적으로는 '버블 월드'가 오픈할 예정입니다. NFT 기능까지 추가한 메타버스 플랫폼을 구축하는 것인데, 서두르지 않고 차근차근 만들어나갈 계획입니다. 디어유의 팬덤을 기반으로 한 메신저 플랫폼에서 향후 메타버스 플랫폼으로 진화해나가는 모습을 기대해봅니다.

JYP엔터테인먼트: 두나무와의 지분 교환을 통한 NFT 비즈니스

트와이스TWICE가 속해 있는 회사는 어디일까요? 바로 JYP엔터테인먼트(JYP Ent.)입니다. 엔터테인먼트 업계에서 가장 성실하고 올바른 행동으로 신뢰를 주는 기업이 바로 JYP입니다. K-POP 업계의 모범생과 같은 존재라고 보면 되겠습니다.

JYP는 엔터테인먼트 업계 중에서 가장 빨리 NFT 비즈니스를 준비하고 있었습니다. JYP는 가상자산 거래소 '업비트Upbit'를 운영하는 두나무DUMAMU와 '아티스트 IP'를 활용한 NFT 비즈니스를 목적으로 JVJoint Venture(합작법인)를 만들었습니다. 또한 두나무는 JYP엔터의 지분을 약 2.5%를 보유해 서로 전략적인 동반자가 되었습니다.

JYP엔터에 대해서도 좀 더 알아보겠습니다. JYP에는 많은 아티스트가 있지만 대표적인 아티스트는 역시나 트와이스입니다.

트와이스(자료: JYP Ent)

총 9명으로 구성된 다국적(한국, 일본, 대만) 걸그룹으로 2015년에 데뷔한 이후로 수많은 히트곡을 만들어내며 K-POP 정상급의 걸그룹 반열에 올랐습니다. 특히나 일본, 대만에서는 엄청난 인기를 끌고 있기 때문에 트와이스와 관련된 NFT가 출시된다면 우리나라를 비롯해 일본, 대만 및 아시아 전역에서 서로 구매하려고 한바탕 소동이 나지 않을까 생각해봅니다.

다음은 'ITZY(있지)'라는 5인조 걸그룹입니다. 2019년 데뷔한 이래로 꾸준히 성장하고 있으며 화려한 외모와 무대 퍼포먼스로 팬덤을 넓혀가고 있습니다. JYP엔터에서 트와이스의 대를 잇는 걸그룹이니만큼 가능성과 잠재력이 무한합니다.

스트레이 키즈Stray Kids는 한국과 호주 국적의 멤버로 구성된 8인조 보이그룹으로, 2018년 데뷔 이후 2PM의 뒤를 이어나가는 JYP엔터의 대표 보이그룹입니다.

JYP는 해외에서 현지화 전략을 제일 먼저 도입했습니다. 현지화 전략이란 해외 국가에서 그 나라 국적의 연습생들을 데뷔시키는 것으로 2020년 이웃 나라 일본에서 일본인 멤버로 구성된 '니쥬NiziU'가 성황리에 데뷔했습니다. JYP엔터는 앞으로도 일본의 니쥬처럼 미국, 중국 등 해외 주요 국가 및 지역에서 현지화 전략을 실행해나갈 계획입니다.

YG엔터테인먼트: 빅뱅에서 블랙핑크까지

YG엔터테인먼트 역시 빅뱅, 아이콘, 위너, 악동뮤지션, 블랙핑크, 트레저 등 막강한 아티스트 라인업을 자랑하고 있습니다. YG엔터의 주요 아티스트에 대해서도 알아보겠습니다.

첫 번째는 블랙핑크BLACKPINK로 제니, 지수, 로제, 리사로 구성된 다국적(한국, 태국)의 4인조 걸 그룹입니다. K-POP 보이그룹에 BTS가 있다면, 걸그룹에는 블랙핑크가 있습니다. 블랙핑크는 아시아를 넘어서 해외에서도 인기가 올라가는 K-POP 대표 걸그룹입니다. 2016년에 데뷔할 때부터 선풍적인 인기를 끌었고 지금도

블랙핑크(자료: YG엔터테인먼트)

그 인기는 세계를 향해 나가고 있습니다.

두 번째는 트레저TREASURE입니다. 2020년 데뷔한 다국적(한국, 일본) 12인조 보이그룹입니다. YG엔터에서는 빅뱅의 뒤를 이을 차세대 K-POP 주자입니다. COVID-19로 데뷔 후 활발한 활동을 못 했지만, COVID-19가 끝나면 본격적인 성장이 기대됩니다.

YG엔터는 2022년 2월에 글로벌 가상자산 거래소이자 블록체인 인프라 공급자인 '바이낸스Binance'와 '블록체인 및 NFT사업'과 관련된 MOU(업무협약)을 체결하였습니다. YG엔터가 원천IP를 제공하고, 바이낸스가 기술 인프라와 플랫폼을 제공합니다. 앞으로 바이낸스와 함께하는 YG엔터의 행보를 지켜보시기 바랍니다.

2부 메타버스의 핵심 산업과 기업을 찾아서 투자하는 법

미디어 콘텐츠 산업: OTT의 확장과 더불어 K-드라마를 세계로!

METAVERSE

넷플릭스의 오리지널 드라마 〈오징어 게임〉은 글로벌 1위에 등극하면서 전 세계에 K-드라마K-Drama의 붐을 일으키고 있습니다.

각종 드라마와 예능 프로그램을 '미디어 콘텐츠'라고 합니다. 여러분도 평소에 TV나 휴대폰 등을 통해 드라마와 예능 프로그램을 시청하는 데 많은 시간을 보낼 텐데요. 특히나 넷플릭스 NETFLIX와 같은 OTT가 COVID-19 이후로 대중화되면서, 미디어 콘텐츠를 소비(시청)하는 데 더욱 많은 시간을 할애하게 되었습니다. 미디어 콘텐츠 역시 사람들을 미디어 콘텐츠 IP 속에 오래 머무르게 하고, 따라서 메타버스에서도 의미 있고 강력한 원

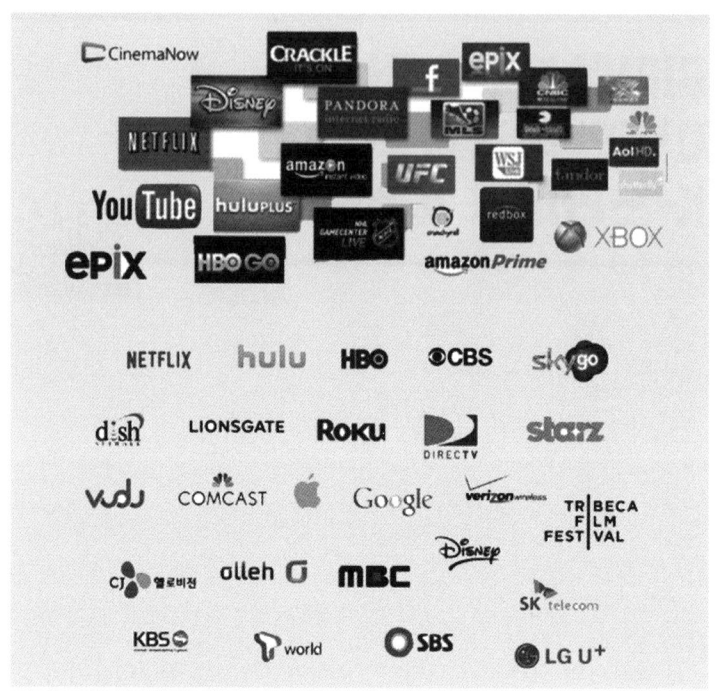

국내외 각종 방송 매체들(자료: 각종 언론매체)

천 IP가 될 수 있습니다.

　과거에 드라마와 예능 프로그램은 대부분 TV를 통해 방영 되었습니다. TV도 지상파 3사(KBS, MBC, SBS)뿐이었던 시절에 서 케이블 TV와 종편이 생기면서 방송 채널이 늘어났지만, 정 작 방영할 '콘텐츠(드라마·예능 프로그램)'가 부족하게 되었습니 다. '공급(콘텐츠 제작)'이 '수요(콘텐츠 방영을 원하는 것)'보다 부족하게 된 것입니다. 그나마 이 정도에서 끝났다면 별문제가 없을 텐데 'OTT_{Over the Top}'라는 것까지 생겨나게 됩니다. 넷플릭스_{Netflix}를 비롯해 디즈니 플러스_{Disney Plus}, 애플TV_{Apple TV}, 아마존 프라임_{Amazon Prime}, HBO 등의 글로벌 OTT와 쿠팡TV, 왓챠_{Watcha}, 티빙_{TVING}, 웨이브_{WAVVE} 등의 국내 OTT까지 너무나 많은 국내외 OTT들이 생겨나면서 콘텐츠 수요가 폭발적으로 증가하게 되었습니다. 미디어 콘텐츠가 왜 시간이 지날수록 수요가 증가하고 값어치가 올라가는지 이해할 수 있는 대목입니다. 그런데 메타버스란 또 하나의 가상세계가 생겨나고 있습니다. 이제 콘텐츠 제작사들의 가치는 더욱 올라갈 수밖에 없는 것입니다.

미디어 콘텐츠가 어떻게 메타버스에 적용될 수 있을지 알아보도록 하겠습니다.

미디어 콘텐츠가 메타버스 시대에 적용되는 형태로는 일단 NFT 비즈니스를 생각해볼 수 있습니다. 드라마나 예능 프로그램에 나오는 주요 인물들이나 특정한 장면 등을 소재로 NFT를 만들 수 있을 것입니다.

하지만 더욱 강력한 것은 드라마나 예능 프로그램을 바탕으로 메타버스라는 가상세계 안에서 드라마나 예능 프로그램을 기초로 한 가상세계를 만들 수가 있다는 것입니다. 〈오징어 게임〉을 예를 들어보겠습니다. 〈오징어 게임〉이 글로벌 대히트를 기록했고, 전 세계에서 〈오징어 게임〉을 패러디하거나 실제로 '오징어 게임'을 진행하는 사람들도 볼 수 있습니다. 이런 것처럼 메타버스라는 세계관에 〈오징어 게임〉과 동일한 가상의 세계를 구현하는 것입니다. 사람과 메타버스를 연결해주는 디바이스들이 발달해서, 메타버스 세상 안에서 〈오징어 게임〉의 참가자가 되어 전 세계 사람들과 〈오징어 게임〉의 실제 참여자가 되어 즐길 수 있다고 생각해봅시다. 어떤 관점에서는 메타버스 세상에서는 '게임'을 하는 것보다 '미디어 콘텐츠'를 통해 더욱 많은 사람이 더욱 오랜 시간 동안 메타버스 세상 안에 머무를 수도 있습니다. 이처럼 미

오징어 게임(자료: 넷플릭스)

디어 콘텐츠의 파괴력과 잠재력은 정말 대단한 것입니다.

꼭 〈오징어 게임〉만 아니라 여러분이 평소에 감명 깊게 보았고, 큰 재미와 즐거움을 느꼈던 드라마 또는 예능 프로그램을 떠올려보기 바랍니다. 그리고 그것을 메타버스라는 가상세계 안에 똑같이 구현해서 여러분과 메타버스를 연결해주는 디바이스들을 통해 그 안에서 주인공이나 특정 인물이 될 수 있다고 상상해보세요. 정말 환상적인 일 아닌가요.

미디어 콘텐츠에 드라마와 예능 프로그램만 있는 것은 아닙니다. 영화가 될 수도 있고, 웹툰(만화)이 될 수도 있습니다. 여러분이 최고로 재미있게 보았다는 영화나 웹툰을 메타버스에 구현해서 직접 등장인물이 되어 살아간다고 생각해보세요.

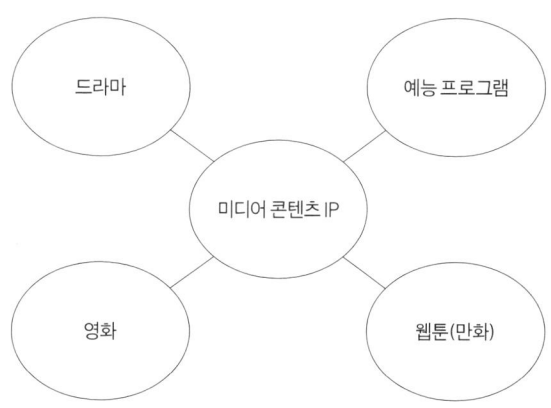

미디어 콘텐츠 IP(자료: 리딩투자증권)

필자는 〈스타워즈〉를 좋아합니다. 내가 만약 메타버스 안에서 〈스타워즈〉의 '제다이'가 되어 광선검을 휘두르면서 전 우주를 누빈다고 생각해보면 짜릿하기 그지없습니다. 이처럼 메타버스 세상에서는 여러분도 〈반지의 제왕〉이나 〈마블〉의 캐릭터가 될 수가 있습니다. 〈반지의 제왕〉의 '프로도'나 '레골라스' 같은 선한 역할이 될 수도 있고, '오크' 같은 나쁜 역할이 될 수도 있습니다. 〈마블〉에서의 '캡틴 아메리카'나 '아이언맨' 또는 '토르'가 될 수도 있고, '타노스'나 '로키'가 될 수도 있습니다. 이처럼 현실에서는 불가능했던 것들을 메타버스 안에서는 해볼 수 있습니다.

미디어 콘텐츠 기업 중에서 NFT와 메타버스에 진출을 시작한 기업들을 살펴보고, 향후 메타버스 쪽으로 확장 가능성이 있는 기업들에 대해서 알아보도록 하겠습니다.

스튜디오 드래곤: 미디어 콘텐츠 IP가 가장 많은 기업

스튜디오 드래곤은 CJ그룹에서 드라마와 같은 콘텐츠를 제작하는 기업입니다. 〈미생〉, 〈오 나의 귀신님〉, 〈시그널〉, 〈도깨비〉, 〈비밀의 숲〉, 〈미스터 선샤인〉, 〈사랑의 불시착〉, 〈호텔 델루나〉, 〈사이코지만 괜찮아〉 등의 히트작들을 비롯해 수많은 미디어 콘텐츠 원천 IP를 보유하고 있습니다.

스튜디오 드래곤은 위와 같은 막강한 미디어 콘텐츠 원천 IP를 바탕으로 미디어 콘텐츠 기업 중에서는 가장 빠르게 NFT 사업을 시작했고, 메타버스 관련 비즈니스도 진행하고 있습니다.

〈빈센조〉는 최고 시청률 약 15%를 기록한 스튜디오 드래곤이 제작한 드라마인데, 〈빈센조〉를 기반으로 국내 코인 거래소인 코빗과 함께 국내 최초로 드라마 IP 기반의 NFT를 발행했습니다. 좀 더 쉽게 생각하면 NFT 기반의 '디지털 굿즈Digital Goods(디지털화된 기념품)'라고 이해하면 되겠습니다. 예전에는 기념품을 구매해서 소유한다는 것이 이제는 디지털화된 '기념품Goods'을 구매해서 소유하는 시대가 된 것입니다. 앞으로도 스튜디오 드래곤의 다른 드라마 IP를 활용한 다양한 NFT가 출시될 것입니다.

스튜디오 드래곤은 NFT 비즈니스도 국내 미디어 콘텐츠 업계 중에서 제일 먼저 시작했지만 드라마 IP를 활용한 메타버스 플랫폼 안에 입점한 것도 가장 먼저 시작했습니다. 역시나 스튜디오 드래곤은 원천 드라마 IP도 제일 많지만, 새로운 시대의 흐름에 발맞춰 나가는 것도 제일 빠릅니다. 국내 최대의 미디어 콘텐츠 그룹인 CJ그룹의 일원인 점도 메타버스 시대에 능동적이고 적극적으로 대응하는 데 장점으로 작용하는 듯합니다.

〈호텔 델루나〉(아이유, 여진구 주연, 2019.7.13~2019.9.1, tvN 방영, 총

빈센조 NFT와 호텔 델루나(제페토에서 구현)(자료: 스튜디오 드래곤, 코빗)

16부작)은 최고 시청률 약 12%를 기록한 스튜디오 드래곤이 제작한 드라마입니다. 아시아 최대의 메타버스 플랫폼 '제페토$_{ZEPETO}$'에 〈호텔 델루나〉와 연관된 아이템들(모자, 드레스, 신발, 액세서리 등 총 35종)을 발매하고, 〈호텔 델루나〉의 명장면을 구현한 동영상 부스를 제공합니다.

앞으로 메타버스 세상에서 스튜디오 드래곤이 보유한 막강한 드라마 IP가 보다 다양하게 활용될수록 스튜디오 드래곤의 원천 드라마 IP 가치는 더욱 빛을 발할 것입니다. 무엇보다 앞으로도 더욱 좋고 다양한 원천 드라마 IP를 스튜디오 드래곤이 제작하고 있다는 사실을 염두에 두시기 바랍니다.

제이콘텐트리: 드라마 콘텐츠 강자

넷플릭스에서 〈오징어 게임〉 다음으로 1등을 한 〈지옥〉(유아인, 김현주 주연, 2021년 넷플릭스 방영)을 만든 곳이 바로 제이콘텐트리입니다. 제이콘텐트리는 그동안 〈SKY 캐슬〉, 〈밥 잘 사주는 예쁜 누나〉, 〈이태원 클라쓰〉, 〈부부의 세계〉 등의 히트작을 제작한 바 있습니다. 제이콘텐트리는 '넷플릭스'와 같은 OTT향 콘텐츠 제작을 공격적으로 진행하고 있으며 〈지옥〉을 시작으로 앞으로도 제이콘텐트리가 만든 콘텐츠들이 글로벌 OTT를 휩쓸 예정입니다.

아직 제이콘텐트리는 NFT나 메타버스 관련 구체적인 계획은 발표하지 않았지만, 제이콘텐트리가 보유한 다양한 원천 드라마 IP 및 중앙그룹(JTBC, JTBC STUDIOS, 메가박스 등)과의 시너지 효

넷플릭스 〈지옥〉 (자료: 넷플릭스)

과가 기대됩니다. 앞으로 제이콘텐트리의 NFT나 메타버스 관련 공식적 행보가 있다면 주의 깊게 볼 필요가 있습니다.

에이스토리: 〈킹덤〉을 비롯한 강력한 IP 보유

글로벌 OTT 넷플릭스에서 가장 먼저 화제가 된 한국 콘텐츠를 기억하십니까? 바로 좀비들을 조선시대 배경으로 해석한 〈킹덤〉(주지훈, 배두나 주연, 2019년 넷플릭스 방영 시작)입니다. 〈킹덤〉은 '시즌1'을 시작으로 '시즌2', 그리고 외전인 〈킹덤: 아신전〉까지 제작 및 방영이 되었습니다. 해외에서는 기존 좀비에 대한 새로운 해석(한복을 입은 등장인물들 및 활과 화살을 사용해서 좀비와 싸우는 장면)으로 신선함과 재미를 동시에 만족시켜주었습니다.

〈킹덤〉을 메타버스라는 가상세계에 동일하게 구현한다면 어떻게 될까요? 〈킹덤〉의 주인공들이 되어 '좀비'들과 '칼과 활 그리고 도끼' 등의 무기를 가지고 싸운다고 생각해보세요. 아마도 이러한 메타버스 세계에서 동료들과 작전계획을 짜고 좀비들과 전투를 하다 보면 시간 가는 줄 모를 것입니다. 물론 여기에 '킹덤'을 소재로 한 NFT까지 발행된다면 더 말할 나위가 없겠지요. 이처럼 드라마 IP는 메타버스 세계 안에서 엄청난 파워를 지니고 있

습니다.

에이스토리는 드라마 〈지리산〉을 소재로 NFT 컬렉션 8종을 발행했고, 드라마 〈지리산〉의 배경을 소재로 NFT 전시회도 진행했습니다.

이제는 NFT가 '캐릭터' 또는 '아이템'이 아니라 '배경'을 소재로도 구현됩니다. 앞으로도 원천 드라마 IP만 있으면 다양한 NFT와 메타버스를 구현할 수 있다는 사실을 명심하시기 바랍니다.

미스터블루: 국내 최대 만화 IP 보유

미스터블루는 웹툰을 제작하고 자체 플랫폼까지 보유하고 있는 회사입니다. 미스터블루는 약 2000여 개의 웹툰 IP를 가지고 있으며 특히나 무협 만화 IP에서 독보적인 기업입니다. 네이버 웹툰 내의 무협 장르에서 약 80%가 미스터블루의 웹툰 무협 IP입니다.

미스터블루는 미얀마에 연간 3000여 권의 만화 제작이 가능한 제작 스튜디오를 보유하고 있습니다. 여기에 국내에도 블루코믹스라는 국내 최대 웹툰 제작 스튜디오도 보유하고 있습니다. 한국과 미얀마에서 엄청난 양의 웹툰(만화)을 생산할 수 있는 스튜디오를 가지고 있습니다.

자체 웹툰 플랫폼인 '미스터블루'는 600만 명 이상의 가입자를 보유하고 있고, 거래량도 꾸준히 증가하고 있습니다. 장기고객과 결제금액이 높은 여성회원들이 남성회원보다 많습니다. 웹툰을 남성보다 여성회원들이 더 많이 구독하는 이유가 무엇일까요? 바로 20~30대 여성 독자층을 끌어들이는 킬러 콘텐츠Killer Content인 〈할리퀸 로맨스〉라는 만화의 국내 판권을 보유하고 있기 때문입니다. 참고로 〈할리퀸 로맨스〉는 캐나다의 로맨스 소설을 일본의 소프트뱅크Softbank가 만화로 재창작한 것인데, 전 세계 여성 독자들의 사랑을 받는 작품입니다. 미스터블루는 글로벌 10개 국가에 약 350개의 웹툰을 서비스하고 있어요. 해외 매출 또한 지속적으로 증가하고 있습니다.

미스터블루 만화 IP(자료: 미스터블루)

    미스터블루는 자회사 블루포션게임즈를 통해 게임 개발 및 퍼블리싱 사업도 하고 있습니다. 게임 대표작으로는 '에오스 레드 EOS RED'입니다. 블르포션게임즈를 통해 만화 IP 게임까지도 개발하고 있습니다.

    무엇보다 눈에 띄는 것은 미스터블루가 웹툰 및 게임 IP와 연동된 NFT 사업을 국내 가상자산 사업자인 코빗과 함께 추진하고 있다는 것입니다. 미스터블루가 보유한 웹툰 및 게임 IP를 활용하면 NFT를 시작으로 향후 메타버스 관련 다양한 비즈니스가 가능할 것입니다.

디앤씨미디어: 웹툰과 웹소설의 조화

디앤씨미디어는 종이 없는 소설인 '웹소설'과 종이 없는 만화인 '웹툰'의 장점을 극대화하는 회사입니다. 스낵 컬처Snack Culture는 말 그대로 '스낵'을 먹듯이 짧은 시간에 쉽게 즐기는 문화 트렌드를 의미하는데 대표적인 예가 웹소설, 웹툰, 인터넷 방송, 클립(짧은) 동영상입니다. 디앤씨미디어는 바로 이 중에서 웹소설과 웹툰에 집중하고 있습니다.

웹소설과 웹툰이 스낵 컬처에 최적화된 이유로는 ① 모바일 환경에 적합: 모바일을 통해 쉽게 접근이 가능하고, 동영상 대비 낮은 데이터 부담이 장점입니다. ② 짧은 소비 시간: 편당 5~10분 분량으로, 주 1~회 정도 플랫폼에 연재되어서 빠르게 소비됩니다. ③ OSMUOne Source Multi Use: 게임, 드라마, 애니메이션, 영화 등 하나의 원천 IP(One Source)로 다양한 활용Multi Use이 가능합니다.

디앤씨미디어는 카카오페이지Kakao Page에서 베스트셀러 수 1위를 차지하고 있습니다. 물론 카카오의 콘텐츠 플랫폼 자회사인 카카오페이지에서 투자도 유치를 했습니다. 2020년 말 기준 12개국에서 30개의 작품을 서비스하고 있습니다.

다양한 장르의 소설과 만화 콘텐츠를 전자책(웹소설, 웹툰) 및

소설 원작 웹툰 〈노블코믹스〉 제작 현황(자료: 디앤씨미디어)

종이책의 형태로 제공하는 CPContent Provider입니다. 여기에 웹소설 및 웹툰 IP를 활용하여 'OSMUOne Source Multi Use' 전략을 통한 2차 저작물을 생산합니다. 대표적인 것이 소설 원작의 웹툰인 〈노블코믹스〉입니다. 또한 동종 업계 최다 계약 작가 수와 작품 수를 기반으로 매년 100편 이상의 신규 콘텐츠를 제작하고 있습니다.

OSMU 전략을 통해 〈노블코믹스〉 시장을 선점하여 해외시장에 진출하고 카카오와의 협력 효과까지 기대되는 디앤씨미디어를 주목하시기 바랍니다.

키다리스튜디오: 국내를 넘어 글로벌로

키다리스튜디오는 웹툰 및 웹소설 서비스를 주로 하는 회사입니다. 웹툰 및 웹소설을 서비스하는 플랫폼으로는 '봄툰(키다리스튜디오 국내)'과 '델리툰(키다리스튜디오 프랑스)'이 있으며, 추가적으로 '레진엔터테인먼트(프리미엄 웹툰 서비스)'가 더해졌습니다. 레진엔터테인먼트의 글로벌(미국, 일본 등)향 매출과 웹툰 IP가 더해지면서 키다리스튜디오는 국내(봄툰)를 넘어 글로벌(델리툰, 레진코믹스)을 아우르는 글로벌 웹툰 및 웹소설 회사로 거듭나고 있습니다. 향후에 키다리스튜디오(레진엔터테인먼트 포함)의 원천 웹툰 및 웹소설 IP를 가지고 다양한 활용이 가능할 것입니다.

2020년 1월에 '틱톡(Tiktok)'의 모회사인 바이트댄스가 키다리스튜디오와 동사의 100% 자회사인 레진엔터테인먼트에 각각 240억씩 총 480억을 투자하였습니다. 앞으로 틱톡이 운영할 글로벌 웹툰 플랫폼에 동사는 최소 약 1,300여개의 웹툰IP를 공급할 것이며, 틱톡의 글로벌 웹툰 플랫폼을 통해 중국/동남아/인도향 웹툰 공급이 강화될 것입니다. 키다리스튜디오가 보유한 원천 IP를 활용한 영상제작(예: 웹드라마 등)을 시작으로 OSMU사업이 본격화되고, 다양한 웹툰IP를 활용한 NFT 비즈니스 확장에 대한 기대감이 높습니다. 키다리스튜디오의 대주주인 다우키움그룹이 계열사 '키움인베스트먼트'를 통해 블록체인ID 개발 업체인 '아이콘루프'에 투자하였고, 또한 계열사 '한국정보인증'을 통해 '한국디지털자산수탁(KDAC)'에 투자한 점을 고려하면 향후 블록체인 사업으로의 확장 시에 '원천IP'를 가장 많이 보유한 키다리 스튜디오의 가장 큰 수혜가 전망됩니다.

미술품 산업:
미술품의 가치 상승과 더불어
디지털 자산화 진행 중

METAVERSE

    과거 미술품은 단순한 전시용에 지나지 않았지만 이제는 엄연히 하나의 '투자'수단으로 인기가 올라가고 있습니다. 미술품을 구매해서 꾸준히 보유하면 '가치'가 올라가서 나중에 되팔아도 많은 이익을 남길 수 있고, 나중에 상속·증여에도 유리한 점이 있어서 대중의 관심도 높아지고 있습니다. 또한 인플레이션(돈의 가치가 떨어지는 것)에 대비하는 수단에도 미술품 보유는 유용한 수단으로 인식되고 있습니다.

    TV나 신문에서 외국 유명 화가의 그림이 몇백억에 거래가 되었다는 뉴스를 한 번쯤을 들어보셨을 것입니다. 현실에서도 이러한 미술품 경매시장이 점점 커지고 있지만, 이제 미술품은 '디지털Digital화'되어가고 있습니다. 즉 미술품 자체도 일종의 원천 IP란 뜻입니다. 유명한 작가(화가)가 그리거나 대중들 사이에서 가치가 있다고 여겨지는 미술품들이 바로 원천 미술품 IP가 되어가는 것입니다. 그렇다면 미술품 IP와 관련 있는 기업에는 어디가 있을까요?

서울옥션: 국내 미술품 경매 1위 및 NFT 사업 진출

서울옥션은 대한민국 1위의 '미술품 경매사업자'로 미술품을 경매하는 비즈니스를 합니다. 원래 아시아 시장에서 미술품 경매의 중심은 '홍콩'으로 서울옥션 역시 미술품 경매 비즈니스의 절반 정도가 홍콩에서 발생했었습니다. 그런데 홍콩이 2019년 홍콩 민주화운동과 2020년의 COVID-19로 인해 셧다운Shut down이 발생하자 홍콩의 미술품 경매시장이 위축된 반면, 우리나라(서울)의 미술품 경매시장은 성장하게 되었습니다. 홍콩 대신 서울이 아시아 미술 경매시장의 중심으로 성장하고 있는 것입니다.

대표적인 예로 '아트바젤', '피아크'와 더불어 세계 3대 아트페어 중의 하나인 '프리즈 아트페어Frieze Art Fair'가 2022년부터 향후

작가 장콸의 〈미라지 캣3〉 NFT
(자료: 서울옥션)

5년 동안 서울에서 열리는 것으로 결정되었습니다. 전체 거래 규모가 약 5000억 원이나 되어 글로벌 미술품 경매시장에서 1%에도 못 미치는 우리나라 미술 시장 자체가 크게 성장할 것으로 보입니다. 앞으로는 한국이 아시아 미술시장의 중심으로 도약할 것입니다.

서울옥션은 국내 가상자산 거래소 '업비트'를 보유한 두나무와 함께 NFT 사업에 진출했는데요. NFT로 제작한 미술품 또는 명품을 한정판으로 온라인상에서 원화 또는 비트코인으로 경매하는 비즈니스를 시작했습니다. 서울옥션과 두나무가 'XXBLUE(엑스엑스블루)'라는 디지털 아트플랫폼Art-Platform 회사를 만든 것입니다.

XXBLUE의 첫 번째 NFT 미술품 경매는 장콸 작가의 '미라지 캣3'라는 작품이었는데, 가격이 3.5비트코인이었습니다. 한화로 약 2.5억 원에 해당하는 가격이었습니다. 처음 시작할 때에는 약 300만 원부터 시작해 결국 약 80배가 상승한 가격인 약 2.5억 원에 거래가 체결된 것으로, 정말 미술품 NFT이라는 것의 가격은 상상을 초월합니다.

여기에 우리나라 굴지의 대기업인 신세계가 미술품 NFT 시장에 진출할 목적으로 서울옥션의 지분 4.8%를 약 280억 원에 취득했습니다. 신세계와 같은 대기업들조차도 미술품 NFT 비즈니스에 관심을 보인다니 정말 놀라울 따름입니다. NFT의 특성상 디지털 자산Digital Asset에 '고유 인식 값'을 넣어서 소유하는 개념이기 때문에 명품에 관심도가 높은 부유층 또는 MZ세대에게 어

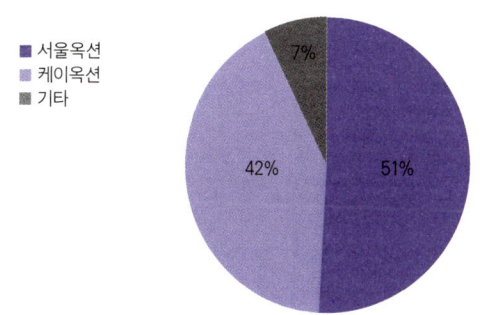

국내 미술품 경매 시장점유율 현황
(자료: 각 사, 한국거래소, 금융감독원, 리딩투자증권)

필하기 좋은 장점이 있습니다. 이제는 미술품도 온라인 소유 시대가 열리고 있습니다.

참고로 서울옥션은 ① 서울옥션블루: NFT 중개사업 및 미술품 공동구매, ② 프린트베이커리: 고가 미술품을 디지털 판화로 제작의 지분을 보유하고 있습니다. 2021년 11월에는 '컬렉터블 Collectible(수집할 가치가 있는 것들)' 관련 서비스인 '블랙랏BLACKLOT' 을 오픈했습니다. 이제는 미술품을 넘어서 모든 컬렉터블까지 서울옥션의 영향력이 미치게 될 것입니다.

케이옥션: 미술품 경매 국내 2위 사업자, 증권시장에 등장하다

케이옥션은 우리나라 2위의 미술품 경매사업자입니다. 경쟁사인 서울옥션이 국내 미술품 경매시장의 약 50%의 M/S(시장점유율)을 가지고 있다면, 케이옥션은 국내 미술품 경매시장의 약 40%의 M/S를 가지고 있습니다. 케이옥션도 향후 NFT 시장에 진출할 것으로 예상됩니다. 자회사 아르떼크립토를 통해 새로운 형태의 미술시장에 대응할 계획입니다. NFT 관련 법규가 정비되는 시점에 맞추어 비즈니스를 개시할 수 있도록 시스템 구축을 준비하고 있습니다.

　케이옥션은 2022년 1월에 주식시장 상장IPO을 통해 본격적으로 증권시장에도 회사를 공개했습니다. 국내 미술품 경매 관련 업종의 성장 및 경쟁사 서울옥션과 더불어 동반성장이 기대되는 상황입니다.

6장

메타버스 플랫폼과 기술 보유한
산업과 기업을 찾아라

METAVERSE

본격적으로 메타버스 시대가 열린다면 일찍이 기술력과 인력들을 갖추고 미리 준비했던 기업들이 메타버스 시대를 선도하고 그에 따른 수혜를 받을 것입니다. 그렇다면 어떤 기업들이 메타

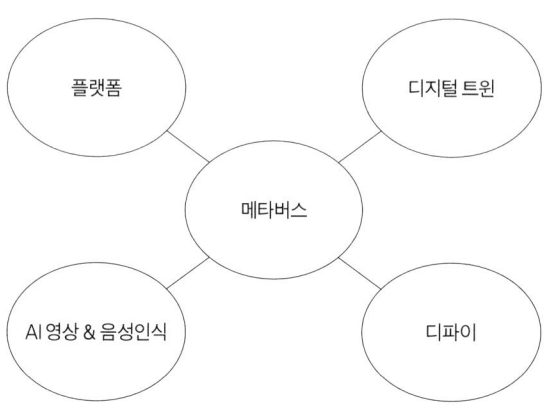

메타버스 관련 영역(자료: 리딩투자증권)

버스 관련 기술을 가지고 있고, 앞으로 성장할 수 있는 기업일까요? 또한 메타버스 관련된 기술에는 어떠한 것들이 있을까요?

메타버스와 관련된 기술은 현시점에서도 무척 다양할뿐더러 앞으로 새로운 기술들과 적용 분야가 꾸준하게 증가할 것입니다. 우선은 지금 당장 메타버스가 시작되는 시점에서 적용 가능하고 앞으로 성장 가능성이 높은 분야의 기술을 확보한 기업에 대해 알아보도록 하겠습니다.

플랫폼 회사: 결국 플랫폼 회사가 모든 것을 다 가져간다

METAVERSE

이제는 익숙한 단어이지만, '플랫폼'은 어떠한 장치 또는 시스템에서 기초가 되는 골격과 같은 것을 의미합니다. 예를 들어 아마존, 마이크로소프트, 구글, 페이스북, 애플, 넷플릭스와 같은 기업들이 자신이 속해 있는 분야에서 최고의 강점을 가지고 플랫폼을 이용하여 최고의 강자가 되는 것입니다. 우리나라에서는 NAVER, 카카오, 쿠팡, 배민 등을 생각하면 훨씬 이해가 쉬울 것입니다. 이웃 나라 일본에서는 소프트뱅크가 있고 중국에서는 알리바바, 텐센트 같은 기업들이 있습니다. 이들 국내외 플랫폼 기업들은 주식 시가총액(상장주식의 총가치) 측면에서 대부분이 해당 국가의 최상위권에 위치해 있는 회사들입니다. 그만큼 플랫폼 기업들이 수익도 많이 나고, 주식시장에서도 해당 플랫폼의 가치를 높게 매겨준다는 의미입니다.

　강력한 플랫폼을 가진 기업들은 공급자와 수요자 사이에서 높은 수익을 창출하기도 하지만 그 자체로서 브랜드 가치를 부여받게 됩니다. 아마존, 마이크로소프트, 구글, 페이스북, 애플, 넷플릭스라는 브랜드 자체가 커다란 가치를 부여받게 되는 것입니다. 여기에 플랫폼 자체가 강력하면 다양한 소프트웨어(제품, 서비스 등)가 저절로 강력한 플랫폼 안으로 들어오게 됩니다. 물건과 서비스를 판매하는 사람이라면 누구든지 가장 물건과 서비스가 잘 팔리는 시장과 백화점 또는 인터넷 매체에 들어가려고 하기 때문입니다.

　이제는 플랫폼이 단순히 일종의 중개 역할만 하는 것이 아닙니다. 스스로 자체적인 물건과 서비스를 만들어 판매합니다. 대규모 마트에서 'PB Private Brand 상품'을 직접 직접 만들어서 소비자들에게 판매하듯이 플랫폼이 강력하면 자체적인 물건과 서비스까지 만들어서 판매할 수도 있습니다.

　플랫폼이 강력해지고 '트래픽 Traffic(사람들이 많이 접속하고 오래 머무는 것)'이 몰리면 기업들이 너도나도 해당 플랫폼에 광고를 하고 싶어 합니다. '광고'라는 것이 사람들이 많이 몰리고 머무르고 노출도가 큰 곳에 해야지만 효과가 극대화되기 때문입니다. 이를 통해 플랫폼은 광고 수익까지도 얻게 됩니다. 이처럼 강력한 플랫폼을 가진다는 것은 기업 입장에서는 너무나 매력적인 일입니다. 마지막으로 강력한 플랫폼이 되고, 그로 인해 풍부한 돈(자금)을 갖추게 된다면 본래의 비즈니스와 연관이 있는 사업을 추가할 수도 있고, 전혀 새로운 비즈니스를 시작할 수도 있습니다. 그게 가능한 것은 강력한 플랫폼은 사람과 돈이 몰리기 때문에 어떤 비즈니스이든지 성공 확률이 높기 때문입니다.

그렇다면 메타버스 시대에서 역시나 최고의 수혜를 얻는 기업은 메타버스 플랫폼을 가진 기업들일 것입니다. 지금과 같이 메타버스가 시작하는 단계인 시점에서 향후 메타버스 플랫폼을 가질 확률이 높고 여기에 근접해 있는 기업들을 알아보는 것이 중요한 이유입니다.

카카오: 메타버스 플랫폼을 위한 만반의 여건을 갖춰놓다

카카오KAKAO는 우리가 매일같이 사용하는 국민 메신저 '카카오톡Kakao Talk'부터 '다음DUAM 이메일'까지 일상생활에 너무나 깊

숙하게 들어와 있습니다. 카카오톡은 국내에만 약 4700만 명의 가입자를 보유하고 있습니다. 거의 전 국민이 사용하고 있는 셈인데요. 카카오톡은 이를 통해 다양한 분야에서 비즈니스를 펼치고 있습니다. 카카오톡 자체가 거대한 비즈니스 플랫폼이 된 것입니다. 대표적인 카카오톡 기반의 비즈니스를 살펴보도록 하겠습니다.

먼저 카카오톡을 통한 디지털 광고 및 비즈보드(카카오톡 채널, 알림톡 결제, 배송 등)와 커머스 시장이 급속히 커지고 있습니다. 이미 많은 사람이 졸업이나 생일 선물을 카카오톡으로 보내고 받는 것에 익숙해져 있습니다. 카카오프렌즈 관련 비즈니스 및 톡스토어 그리고 메이커스도 급속히 확장되고 있습니다.

택시 서비스인 '카카오T'의 가입자는 약 3000만 명을 보유하고 있으며 프리미엄 서비스인 '카카오T블루'는 3만 대 수준까지 확장되었습니다. 금융에 있어서는 '카카오페이'를 빼놓을 수 없습니다. 온·오프라인 결제와 개인대출은 물론 디지털 보험 및 자산관리 서비스까지도 확장해가며 종합 금융 솔루션으로 자리매김하고 있습니다. 인터넷은행의 대표주자인 카카오뱅크는 국내 은행업계의 판도를 바꾸어놓고 있습니다. 계좌 개설 고객 수는 1700만 명을 넘어섰고 경제활동인구 침투율Penetration Ratio도 60%를 넘어가고 있습니다.

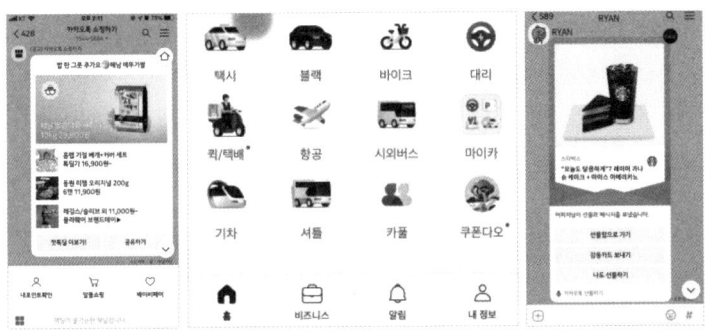

카카오 주요 서비스들(자료: 카카오)

게임 분야의 강자 카카오게임즈는 앞서 자세히 소개했으므로 생략하고, 음악 분야에서는 우리나라 최대의 음원 플랫폼인 '멜론Melon'이 있습니다. 500만 명 이상의 '월 정액 가입자'를 기반으로 K-POP 유통에 있어서는 1위 사업자입니다. 또한 스타쉽, IST, 안테나, 플렉스엠 등 4개의 연예 매니지먼트 회사를 보유하고 있습니다. 특히 스타쉽 엔터테인먼트에는 요즘 한창 떠오르는 신인 걸그룹 아이브IVE가 소속돼 있습니다. 더불어 약 150여 명의 연기자들이 카카오에 소속돼 있어 드라마와 영화를 직접 제작하기도 합니다. 〈킹덤: 아신전(에이스토리와 공동제작)〉과 〈빈센조(스튜디오 드래곤과 공동제작)〉가 자회사인 카카오엔터테인먼트를 통해 제작한 작품입니다.

카카오가 웹툰에 있어서 엄청난 퍼포먼스를 보이고 있다는 사

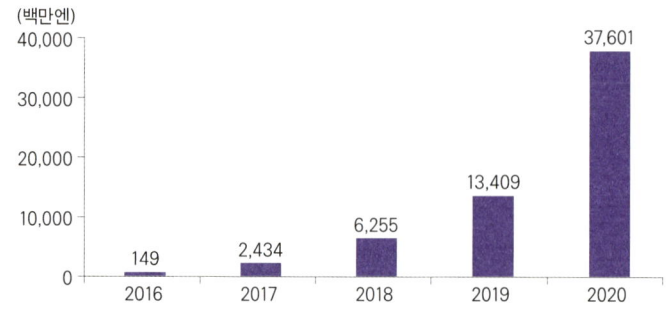

(백만엔)

	149	2,434	6,255	13,409	37,601
	2016	2017	2018	2019	2020

픽코마 연도별 거래액 추이(자료: 카카오)

실은 널리 알려져 있습니다. 카카오가 일본에서 만든 '픽코마'는 일본 시장 1위의 디지털 만화 앱으로 일본을 넘어 글로벌 1위 디지털 만화 앱으로 자리매김하고 있습니다. 경쟁력 있는 'K-웹툰'과 '일본 만화'를 소싱해 북미, 프랑스, 동남아 등 해외로 그 영역을 확대해나가고 있습니다.

국내에서는 웹툰 사업을 카카오페이지와 카카오웹툰이 동시에 진행하고 있는데요. 글로벌 경쟁력이 있는 K-웹툰 발굴 및 IP 유통까지 K-웹툰의 세계화를 이끌고 있습니다.

이처럼 카카오는 우리 생활에 너무도 밀접하게 들어와 있고, 막강한 영향력을 바탕으로 다양한 분야에서 비즈니스를 확장하고 있습니다.

그렇다면 카카오 그룹은 어떻게 다가오는 메타버스 시대를 준비하고 있을까요? 아직 카카오 그룹은 메타버스 플랫폼에 대한 공식적인 발표는 없지만 수면 아래에서 차근차근 메타버스와 블록체인을 준비하고 있습니다. 카카오 그룹의 메타버스를 향한 준비 현황에 대해 알아보겠습니다.

카카오의 전반적인 메타버스에 대한 준비는 '그라운드 X_{GROUND X}' 및 싱가포르의 '크러스트_{Krust}'를 통해 진행될 예정입니다. 그라운드X는 카카오 그룹에서 카카오G(블록체인 글로벌 전략총괄)의 자회사로 클레이튼_{Klayton} 기반의 블록체인 생태계를 구축하고 있습니다. 클레이튼은 쉽게 말하면 '카카오 화폐'라고 생각하면 됩니다.

그라운드X는 NFT 비즈니스도 병행하여 카카오톡의 가상자산 지갑_{Wallet}인 '클립_{Klip}'을 출시했습니다. 또한 최근 싱가포르에 새로 만든 회사인 크러스트로 클레이튼 관련 비즈니스를 이전했으

클레이튼(Klay) 코인(자료: 빗썸)

며 앞으로 NFT에만 집중할 계획이라고 합니다. 원래부터 그라운드X는 NFT 비즈니스에 충실했었는데, 이제부터는 다양한 자산군으로 NFT 기술을 도입하고 국내에 한정돼 있던 NFT 시장을 해외로 확장하는 계기가 될 것으로 보입니다.

그라운드X가 만든 NFT에 대해 좀 더 상세하게 알아보겠습니다. 첫 번째는 카드 결제 이력 NFT로, 2020년 9월에 현대카드와 '카드 결제 및 발급 이력'을 증명하는 NFT를 발행했습니다. 두 번째는 게임 아이템 NFT입니다. 2020년 9월에 엠게임의 게임인 '프린세스 메이커'를 활용한 NFT를 발행했고, 클레이튼 블록체인 게임인 '클레이튼 나이츠', 크립토 드래곤의 게임 아이템

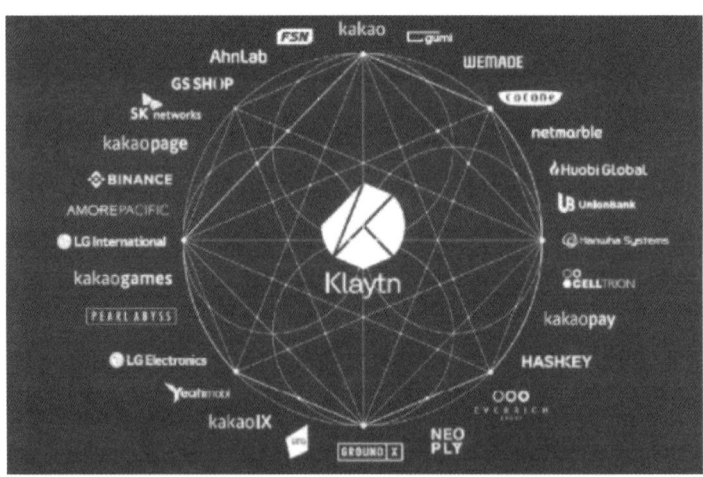

클레이튼 생태계(자료: Ground X)

을 NFT로 만들었습니다. 세 번째는 비상장 주식 소유권 NFT인데, 2020년 9월에 '엔젤리그(비상장 주식 거래 플랫폼)'와 함께 비상장 주식(예: 토스, 쏘카, 마켓컬리)의 소유권을 증명(투자조합 가입 증명서)하는 NFT를 발행했습니다.

그라운드X는 도지사운드클럽 NFT, META KONGZ NFT, 캣타운펑크 NFT, 떡방앗간 참새 NFT 등 히트 NFT를 성공적으로 발행하고 있습니다. 기존에는 국내 위주의 NFT에 주력했지만 앞으로는 해외까지 NFT 사업을 확장할 것으로 보입니다.

현재 카카오와 공식적으로 관련이 있는 코인은 '클레이튼 코인'과 카카오게임즈의 '보라 코인'입니다. 앞으로 카카오 그룹의 블록체인 사업은 싱가포르의 크러스트가 전담할 계획입니다. 카카오 그룹의 글로벌 진출 핵심 전략이 콘텐츠와 블록체인인 만큼 앞으로 메타버스를 향한 많은 준비가 현실화될 것으로 보입니다. 카카오 그룹이 앞으로 그려나갈 메타버스 생태계를 주목하시기 바랍니다.

NAVER: 아크버스의 시대를 연다

구글이 세계적인 검색 서비스로 맹위를 떨치고 있지만 우리나라에서는 NAVER가 압도적인 1위를 차지하고 있습니다. NAVER 역시 플랫폼을 통해 비즈니스 영역을 확장해나가고 있는데요. 카카오톡과 같은 메신저인 '라인LINE은 NAVER에서 만든 것인데 일본에서는 이 라인 메신저가 국민 메신저로 자리 잡은 지 오래입니다. NAVER의 주요 비즈니스에 대해서도 살펴보겠습니다.

NAVER는 기본적으로 국내 1의 점유율을 보유한 NAVER 플랫폼 기반의 검색과 광고 수익이 발생합니다. 그다음은 커머스Commerce 부문인데, '네이버 쇼핑'이 대표적이며 여기에 스마트 스토어와 브랜드 스토어까지 포함돼 있습니다.

핀테크Fintech에서도 NAVER는 두각을 나타내는데, '네이버 페이'가 대표적입니다. 네이버 쇼핑의 성장과 더불어 네이버 페이도 같이 성장하고 있습니다. 여기에 스마트 스토어 사업자 대출까지 영역을 넓혀나가고 있습니다.

NAVER는 콘텐츠 분야에도 다양한 영역에서 앞서나가고 있습니다. 웹툰 부문에서도 '네이버 웹툰'은 K-웹툰을 글로벌화하고 있습니다. 특히 눈여겨볼 점은 마블, DC코믹스, 하이브 등의 글로벌 원천 IP와 콜라보(협업)를 통해 오리지널 웹툰 IP를 확장해나가고 있는 것입니다. 음악 쪽에서도 네이버의 음원 플랫폼인 '바이브VIBE'를 통해 성장해나가고 있습니다.

무엇보다 NAVER에서 메타버스 하면 가장 먼저 떠오르는 단

제페토(자료: 제페토)

어는 바로 '제페토ZEPETO'입니다. 제페토는 NAVER의 자회사 네이버제트NAVER Z가 운영하는 증강현실(AR) 기반의 아바타를 통한 '메타버스 플랫폼'입니다. 2018년에 출시되었는데, 사용자 본인의 3D(3차원) 아바타를 활용해서 다른 사람들과 소통을 하는 서비스입니다. 제페토는 AR 콘텐츠와 게임 및 SNS와 같은 커뮤니케이션 기능을 가지고 있습니다. 주요 사용자는 10대이며, 국내외 20여 개국에서 약 2.5억 명의 사용자를 보유한 글로벌 메타버스 플랫폼입니다.

제페토는 사용자의 실물을 바탕으로 3D 아바타를 만들어 AR 기술로 실제 또는 가상의 배경에 합성을 시켜줍니다. 물론 3D 아바타도 원하는 모습(얼굴 표정, 손동작, 옷 및 액세서리 등)으로 변화시킬 수 있습니다. 여기에 사용자가 원하는 맵(장소)에서 제페토의 약 2.5억 명의 가입자들과 어울릴 수 있습니다. 운동장이든 학교 교실이든 바닷가이든 어디서나 여러분의 3D 아바타를 통해 활동할 수 있습니다.

제페토는 단순한 플랫폼을 넘어선 일종의 생태계입니다. 제페토 스튜디오를 통해 아바타와 가상공간을 꾸밀 수 있는 아이템과 콘텐츠를 제작하고 판매할 수 있는데요. 일종의 '크리에이터 이코노미Creator Economy(창작자 경제)' 시스템을 만들어놓은 것입니다. 이미 제페토에는 약 100만 명의 크리에이터Creator가 있으며 각종 기업들이 서둘러서 제페토에 입점하고 투자를 하고 있습니다. 국내 굴지의 대기업인 삼성과 현대차 및 구찌, 랄프로렌, 디올과 같은 글로벌 패션 브랜드도 제페토에 입점했습니다. 또한 K-POP 최고의 걸그룹들인 블랙핑크와 트와이스도 제페토를 통해 팬들과 소통하고 있습니다. 네이버제트(제페토 운영)는 2021년에 일본의 소프트뱅크와 국내 엔터테인먼트 기업인 하이브, YG, JYP 등으로부터 2235억 원의 투자를 유치했습니다.

또한 메타버스에서 빼놓을 수 없는 IP가 '게임'이기 때문에 메타버스 전용 게임도 빠르게 추가되고 있습니다. 메타버스 생태계 내에서는 꾸준하게 '즐길 거리'가 필요하고, 따라서 메타버스 게임은 필수적인 소프트웨어가 되는 것입니다. 이처럼 제페토는 이제

글로벌 메타버스 플랫폼으로 성장해나가고 있습니다. 이외에도 NAVER에는 클라우드 사업, 웍스(온라인 협업도구 서비스), 클로바 (AI 음성 기록 서비스)와 같은 다양한 서비스를 제공하고 있습니다.

NAVER 그룹은 메타버스 시대에 대응하기 위해 '아크버스 ARCVERSE'라는 메타버스 청사진을 제시했습니다. 그렇다면 아크버스란 무엇일까요? 아크버스는 현실세계와 가상세계를 이어주는 플랫폼을 의미합니다. 메타버스에서는 '가상세계'와 '거울세계'로 나눌 수 있습니다. 가상세계는 현실과 비슷한 또는 다른 세계를 디지털 공간에 구현하는 것이고, 거울세계는 우리가 살아가는 현실과 연동되는 디지털 공간입니다. NAVER는 제페토를 통해 가상세계를 담당하고, 아크버스는 거울세계를 담당하게 됩니다.

NAVER는 현실과 가상세계를 연결할 때 NAVER의 각종 기술

아크버스(자료: NAVER)

(AI, 클라우드, 음성인식, 로봇, 자율주행, 디지털 트윈 등)을 접목할 계획입니다. 아크버스의 예를 들자면 클라우드 기술을 활용하여 로봇의 두뇌 기능인 아크ARC를 활용하여 일종의 '두뇌 없는 로봇 Brainless'을 구현하여 기존 로봇 대비 훨씬 성능이 좋은 로봇을 구현하는 것입니다.

앞으로 네이버 쇼핑, 웹툰, 금융, 웨일(소프트웨어) 등의 NAVER 주요 서비스에 메타버스 기술이 적용되어가는 것을 지켜보면서 NAVER가 만들어가는 아크버스를 확인해보시기 바랍니다.

NAVER와 관련된 가상자산(코인)도 존재합니다. NAVER는 일본 자회사 라인의 '라인 블록체인LINE Blockchain'을 통해 가상자산 사업을 진행하고 있습니다. '링크LINK 코인'을 미국과 일본의 가상

링크 코인(자료: 빗썸)

자산 거래소에 상장이 돼 있었는데, 국내 코인 거래소 '빗썸'에서
도 2021년부터 거래(BTC 마켓)를 시작하게 되었습니다. NAVER
와 라인 플랫폼을 활용한 링크 코인의 성장도 주목할 필요가 있
습니다.

SK텔레콤: 이프랜드를 통한 메타버스 플랫폼의 시작

우리나라의 대표적인 이동통신사 SK텔레콤은 2021년에 인적
분할을 통해 'SK텔레콤'과 'SK스퀘어'의 회사로 분할이 되었습
니다.

SK텔레콤은 유무선 통신사업(SK텔레콤, SK브로드밴드, SK텔링크)
및 홈쇼핑(SK스토아), 신사업(T우주 구독 서비스, 클라우드/IoT, 메타버
스 플랫폼 '이프랜드ifland' 사업)을 하고, SK스퀘어는 기존 SK텔레콤
의 비통신 사업(SK쉴더스, 11번가, 드림어스컴퍼니, 콘텐츠웨이브, 티맵
모빌리티, 인크로스, 나노엔텍, 원스토어 등) 및 투자회사(SK하이닉스 지
분 보유 및 신규 투자)로 거듭날 계획입니다.

여기에서 우리가 주목할 부문은 SK텔레콤이 만들고 운영하는
메타버스 플랫폼 '이프랜드'입니다.

이프랜드에서는 사용자를 상징하는 아바타를 만들고 SNS 주

'이프랜드' 메타버스 플랫폼(자료: ifland)

소 등록도 가능합니다. 여기에서는 대화방을 '랜드land'라고 부르는데 친한 사람들이나 비슷한 주제로 대화하고 싶은 상대방과 랜드에서 커뮤니케이션할 수 있습니다. 이프랜드를 통해 정보도 공유하고, 함께 공부하거나 각종 자료(PDF 문서, MOV, MP3 등의 영상)를 공유할 수도 있습니다. 사용자가 스마트폰으로 제작한 영상도 이프랜드 내의 영화관에서 관람할 수 있습니다. 이프랜드는 소규모의 세미나와 같은 모임이나 컨퍼런스에 특화돼 있는데, 우리나라 1위의 통신 기업인 SK텔레콤이 제작한 만큼 향후 플랫폼으로서의 발전 가능성이 높을 것으로 기대됩니다. 메타버스 플랫폼에서 필수적인 메타버스 콘텐츠 역시 SK텔레콤의 5G를 비롯한 우수한 통신기술에서 나오는 ICTInformation and Communication Technologies(정보통신기술)와 SK스퀘어에 대한 적극적인 투자를 통해 보다 풍성해질 것으로 예상됩니다.

에이트원: MOiM 플랫폼과 XR 솔루션

에이트원이란 회사는 조금 생소할 것으로 생각합니다. 에이트원은 MICE(Meeting: 기업회의, Incentive: 포상관광, Convention: 컨벤션, Exhibition: 전시)에 특화된 메타버스 플랫폼 'MOiM(모임)'을 운영하고 있으며 MOiM은 스마트폰에서 쉽게 다운받을 수 있습니다.

'MOiM' 플랫폼의 장점은 모바일뿐만 아니라 PC, Tablet, XR HMD Head Mounted Display에서도 사용이 가능한 크로스 플랫폼

메타버스 플랫폼 'MOiM'(자료: 에이트원)

Cross Platform(윈도우, Mac, IOS, 구글, 오큘러스 퀘스트Oculus Quest 2까지 호환 가능)라는 점입니다. 모바일(휴대폰)만이 아닌 우리가 주로 사용하는 다양한 디바이스(기기)에서 사용할 수 있는 메타버스 플랫폼이라는 것입니다. 특히나 MICE에 특화된 메타버스 플랫폼이기 때문에 여러 가지 기기에서 사용할 수 있다는 점은 의미가 큽니다. 또한 MOiM은 동시에 최대 200명까지 접속 가능한데 이것은 타 메타버스 플랫폼과 차별화된 장점이라 하겠습니다.

이미 MOiM을 활용한 수많은 MICE 적용 사례가 있습니다. 서울특별시가 주관한 '서울스마트시티워크'(2021년 10월 19일)의 메타버스 간담회 진행에 MOiM을 통해 간담회가 진행되었으며, 한국메타버스산업협회의 창립총회(2021년 11월 9일)도 MOiM을 통

	MOiM	제페토	이프랜드
서비스	MICE 특화	Custom Avatar 소규모 인원, 미니게임·브랜드 체험 위주	Custom Avatar 소규모 모임·컨퍼런스
디바이스	모바일, PC 태블릿, XR HMD	모바일	모바일
리얼-타임 커뮤니케이션	음성·채팅·화상	음성·채팅	음성
최대 접속 가능 인원	교실: 42명 소형 컨퍼런스 룸: 8명 극장: 200명 컨퍼런스 200명	1개 Map 16명 관전 60명	1개 Map 31명 관전 100명
오픈 플랫폼	○	○	×

MOIM과 타 메타버스 플랫폼 비교(자료: 에이트원, 리딩투자증권)

해 진행되었습니다. 부산광역시가 주관한 '부산광역시 2030 부산세계박람회 유치위원회'의 국제콘퍼런스(2021년 10월 28일)에도 MOiM이 사용되었습니다. 이러한 결과들로 인해 2021년 10월 13일에 에이트원은 과학기술정보통신부 장관상(VR 메타버스 콘테스트)을 수상하였습니다.

MOiM은 앞으로 단계적 성장전략을 통해 종합 메타버스 플랫폼으로 성장해나갈 예정입니다. ① 1 단계: 프리미엄Freemium 모델 기반의 구독 서비스를 통한 기업·학교 대상의 볼륨 라이선스 및 공간 커스텀 비용 수익화, ② 2단계: 마켓 플레이스 기반 디지털 아이템Digital Item & 공간, 맵 등의 유료 판매 및 서드 파티Third Party 거래 시 수수료 수익 & P2E 방식의 수익화 모델, ③ 3단계: 타깃팅된 3D 오브젝트Object 기반의 PPL 광고 상품 판매 및 디스플레이 AD 판매를 통해 종합 메타버스 플랫폼으로 확장해나갈 계획입니다.

에이트원은 AI(인공지능) 기술을 기반으로 XReXtended Reality(확장현실) 솔루션을 제공하고 있습니다. XR은 VR(가상현실)+AR(증강현실)+MR(혼합현실)+음성인식을 포함한 것으로, 에이트원이 제공하는 B2C(개인)향 XR 솔루션은 ① VR 뉴욕 스토리: AI 음성인식+다국어 번역+VR을 접목, 뉴욕 명소 50여 곳을 소재로 원어민 캐릭터를 VR로 구현하여 생활필수~고난도 의사표현까지 학

에이트원의 XR 솔루션(자료: 에이트원)

습, ② AIIT LIVE: AI 음성인식+다국어 번역 융복합 솔루션으로 실시간 다국어 번역, 화상회의 및 화상강의용 솔루션 그리고 학습·회의 자료 자동생성 기능을 제공, ③ 그래머스쿨 AI: AI의 진단 및 처방으로 1:1 맞춤형 학습 가능한 AI와 1타 강사들의 문법 핵심 노하우를 제공하며 추가적으로 XR용 게임도 개발 중에 있습니다.

에이트원은 XR 솔루션을 B2B(기업)와 B2G(정부 및 공공기관)향으로도 공급하고 있습니다. VR 관련 축적된 콘텐츠 기획·제작, 인프라, 기술력을 바탕으로 산업안전, 직무교육, 장비정비 및 운행교육 분야의 4D 오감체험과 실감형 기술 시현이 가능한 하드웨어 결합형 VR 패키지(콘텐츠+VR 기기+H/W)를 개발하여 국내 주요 공기업·민간기업(B2B)에 공급하고 있습니다. 또한 XR 기술(VR, AR, MR, AI 음성인식)을 접목한 전자기술교범 및 무기체계 시뮬레이터 관련 에이트원 스마트 국방 사업을 진행하고 있습니다.

메타버스 플랫폼 MOiM과 B2G·B2B·B2C까지 모든 고객군에 대한 XR 솔루션을 공급하는 에이트원의 성장을 관심 있게 지켜보시기 바랍니다.

다날: 현실과 가상을 잇는 플랫폼 구축: 페이코인과 페프를 주목하라

컴퓨터나 모바일을 통해 결제할 때, '다날DANAL'이라는 문구를 본 적이 있을 겁니다. 다날은 결제Payment 비즈니스부터 시작했으며 국내 1위의 휴대폰 결제 M/S(시장점유율)을 가지고 있습니다. 신용카드 PG 부문도 가맹점이 확대되고 있으며, 2020년 유니온페이와 제휴하여 해외로 진출하고 있습니다. 또한 삼성페이의 휴대폰 결제를 동사가 독점으로 진행하여 삼성페이 휴대폰 결제 사용자가 증가할수록 실적이 증가할 것입니다. '다모음' 결제 서비스는 다날의 통합결제 플랫폼으로, 휴대폰 결제와 페이코인 결제가 동시에 가능하며 향후 신용카드 결제와 오픈뱅킹 기능까지 추가될 계획입니다.

다날은 2021년에 배달대행 플랫폼 만나코퍼레이션을 인수했습니다. 만나코퍼레이션은 국내 배달대행 플랫폼 M/S 24%로 해당 결제를 다날로 대체하면 본업인 PG 사업의 실적 기여가 가능합니다. 또한 자회사 비트 코퍼레이션의 로봇 카페 비즈니스의 매장 관리 및 다날 F&B의 커피 프랜차이즈 '달콤 커피' 배달 등과의 협력을 통한 배달 서비스 확대 등 다양한 시너지 효과가 기대되는 상황입니다. 특히 다날 엔터테인먼트에는 각종 음원 및 영화 관련 원천 IP를 확보하고 있습니다. 이처럼 다날의 현실세계 플랫폼도 제법 탄탄한 상황입니다.

여러분은 다날의 가장자산 비즈니스에 주목할 필요가 있습니다. 다날의 자회사 다날핀테크의 '페이코인'은 국내 가상자산 중에서 대표적인 상용화된 가상자산입니다.

페이코인Paycoin은 가입자 수 200만 명에 MAU 70만 명을 돌파했고, 국내 7만 가맹점 및 글로벌 3000만 가맹점에서 결제가

페이코인(자료: 빗썸)

페이코인 사업 모델 및 제프(자료: 다날)

가능했습니다. 페이코인의 글로벌 시장 진출 추진 및 비트코인 등 기타 가상자산의 결제 서비스 지원을 통한 가상자산 플랫폼화를 추진하고 있습니다. 페이코인 앱을 통해 결제 서비스도 제공하고, 비트코인을 비롯한 국내외 타 가상자산에 대한 결제까지 가능합니다.

여기에 또 다른 자회사 제프JEFF를 통해 메타버스 기반의 가상자산 재테크 플랫폼 서비스를 제공합니다. 2022년부터 본격적으로 서비스가 시작되며 ① 중개수수료 없는 P2P 가상자산 거래소 서비스, ② 사용자 플랫폼 참여를 통한 수익 창출, ③ 콘텐츠 제작자Content Creator 영입 및 유저User 경연 등을 통한 콘텐츠 생산, ④ NFT 마켓플레이스를 통한 NFT 발행 및 유통 지원 비즈니스 등 향후 PG 비즈니스+페이코인+메타버스 기반 가상자산 재테크 플랫폼의 시너지가 기대됩니다.

메타버스 기술 관련 회사: 새로운 흐름(메타버스)에는 새로운 기술이 필요하다

METAVERSE

언제나 새로운 기술과 트렌드가 나타나면 그에 적용되는 기술 또한 새로운 기술이 요구되곤 했습니다. 메타버스는 단순한 일시적인 유행이 아니라 앞으로 세상을 바꾸어나가는 시대의 큰 변화 및 트렌드이고 당연히 메타버스에 걸맞은 새로운 기술들이 필요해질 것입니다. 이번 절에서는 메타버스 기술과 관련하여 주목할 만한 기업들을 살펴보겠습니다.

바이브컴퍼니: AI와 빅데이터를 활용한 디지털 트윈의 선구자

'디지털 트윈Digital Twin'이란, 예를 들어 수도권에 건설 예정인 신도시를 미리 가상세계로 현실과 똑같이 구현해 홍수, 가뭄, 교통 문제, 화재 등에 대한 시뮬레이션을 한 후에 최적의 현실 상황을 구현하는 것입니다. 바이브컴퍼니는 이처럼 현실세계의 사물, 환경, 시스템 등을 가상세계에 동일하게 구현하는 기술인 디지털 트윈 사업을 선도하고 있습니다. 바이브컴퍼니는 향후 디지

바이브컴퍼니의 디지털 트윈 구축 사례(자료: 바이브컴퍼니)

털 트윈을 활용해서 신도시 체험관인 '바이브 하우스'를 출시할 예정으로, 바이브 하우스에서는 아파트 단지, 신도시 사업지구, 도로 체험, 견본주택 체험 등 신도시 관련 가상체험이 가능합니다.

디지털 트윈이 중요한 이유는 메타버스 플랫폼 구축을 위해 필수적인 기술이기 때문입니다. 따라서 바이브컴퍼니 역시 메타버스 플랫폼 서비스인 가칭 '바이브 스퀘어'를 야심 차게 준비하고 있습니다. 바이브컴퍼니가 만들어나갈 메타버스 플랫폼인 가칭 바이브 스퀘어는 크게 세 가지를 추구하는 방향으로 진행될 예정입니다. ① 공간 정보 & 디지털 트윈 기술에 기반한 거울세계 구현, ② 모델링 & 시뮬레이션 결과를 시각화하여 거울세계 위에 가상정보 제공, ③ 서비스 공급자들이 참여해서 비즈니스 가능한 메타버스 공간 제공(아바타 & 커뮤니케이션 도구, 3D 공간 정보, 콘텐츠 개발 및 구축 툴 등)입니다. 우선적으로 부동산, 스토어, 전시회, 스포츠 등 실제 공간 정보가 차별화되어 경쟁력 확보에 도움이 되는 서비스부터 구축하려고 합니다. 오프라인(현실)의 특성이 반영되어 현실감 높은 시뮬레이션이 가능하여 사용자 중심의 퀄리티 높은 경험을 제공할 것입니다.

바이브컴퍼니는 디지털 트윈을 B2B(기업)향으로 확장해나가고 있습니다. 바이브컴퍼니는 롯데백화점과 함께 메타버스 커머스 플랫폼 개발을 협력하기로 했습니다. 바이브컴퍼니의 디지털 트

가칭 '바이브 스퀘어'(자료: 바이브컴퍼니)

원 기술을 적용해서 오프라인 매장에 전시된 실제 상품 또는 서비스 등을 온라인(가상세계)상에서 체험하고 구매하는 것입니다.

　AI를 활용한 핀테크 쪽에도 바이브컴퍼니가 관련되어 있습니다. 바이브컴퍼니는 자회사 퀀팃을 통해 AI를 활용한 투자 플랫폼 '핀터FINTER'를 제공하고 있습니다. 주식이나 ETF와 같은 현물 자산뿐만 아니라 가상자산까지도 함께 투자하는 모델입니다. '로보어드바이저'를 통해 위험Risk 관리를 통한 안정적인 수익 창출까지 가능해진 것입니다. 앞으로는 투자 역시 메타버스 플랫폼에서 AI 핀테크 시스템을 통해 이루어지지 않을까 생각합니다. 디지털 트윈을 활용한 메타버스 구축에 앞서 나가는 바이브컴퍼니, 참고로 카카오가 바이브컴퍼니의 2대 주주란 사실도 알아두

시기 바랍니다.

알체라: AI를 통한 영상인식에 강점

알체라는 AI를 활용한 영상인식 솔루션에 강점을 가지고 있습니다. 사람의 표정부터 사물의 미세한 이상 징후까지 순간적으로 포착이 가능합니다. 어떤 사람이나 상태 또는 무엇이든 정확도 99% 이상의 모든 사람과 사물을 인지 또는 판별할 수 있는 기술을 보유하고 있습니다.

알체라는 얼굴인식 사업을 출입과 보안, 핀테크까지 확장하고 있습니다. 글로벌 얼굴인식 시장은 2025년에 약 200억 달러(한화 약 21조) 수준까지 성장할 것으로 예측되며, COVID-19로 비대면 및 비접촉 트렌드가 강화되면서 가속화되고 있습니다. 이웃나라 중국에서는 얼굴인식의 적용 분야가 광범위하게 확대되고 있습니다. 출입 및 보안(일반기업, 공항, 호텔 등) & 의료(스마트 진료, 비대면 진료 등) & 금융(은행, 증권사 등 결제 시스템, ATM 등) & 공공 서비스(도로 감시, 범죄자 추적, 민원 발급 등) & 결제 서비스(지하철, 버스, 편의점, 마트, 커피숍, 프랜차이즈 등)로 중국 내에서는 얼굴인식이 다양한 영역에서 적용되고 있습니다.

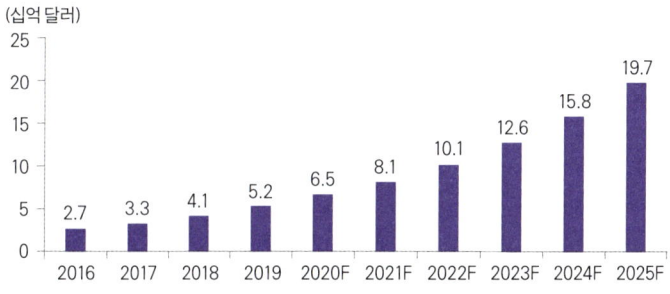

(십억 달러)

글로벌 얼굴인식 시장 전망(자료: 알체라)

알체라는 다양한 인공지능 영상인식 사업을 확장해나가면서 이상 상황 감지 사업에서도 CCTV 모니터링, 시설물 감시, 화재 감시 등의 서비스를 제공하고 있습니다.

알체라는 기본적으로 대용량의 DB~Data Base~를 수집 및 편집해서 AI 기반의 딥러닝~Deep Learning~ 학습을 합니다. 여기에 AR(증강현실) 기술과 얼굴인식 AI 기술, 그리고 이상 상황 감지 AI 기술 등의 AI 엔진 최적화를 통해 다양한 기기 및 OS에 적용 가능한 전용 솔루션을 구축하고 있습니다. 쉽게 말해 A~Z까지 전 영역에 걸친 기술을 보유하고 있는 것입니다.

그렇다면 메타버스와 알체라는 무슨 관련이 있을까요? 알체라는 메타버스에 직접적이 아닌 간접적으로 연관이 있습니다. 관계회사 플레이스에이를 통해 메타버스와 간접적으로 적용된 실제 사례가 있습니다. NAVER의 자회사 네이버제트가 운영하는 메타버스 플랫폼 '제페토'에 신체 각 부문(얼굴과 손 포함)의 움직임을 인식하여 가상 환경에서 그 움직임을 복제하는 플레이스에이만의 독자적인 AI 엔진을 구현했습니다. 사용자와 닮은 아바타를 만들어서 사용자가 실제로 살아 움직이는 느낌을 받을 수 있도록 하는 기능입니다. 또한 한정판 거래 플랫폼인 '크림KREAM'에도 기술이 적용되었습니다. 일반적인 공장에서 생산 또는 검수가 이루어지는 다양한 품목에 대해 종합적인 품질 관리Quality Control가 이루어질 수 있도록 복합 센서 기반의 'Fake & Real AI 엔진'을 구현합니다. 이는 크림이 검수 과정에서 높은 정확도 및 적은 비용으로 공정을 최소화하는 데 도움을 주고 있습니다.

알체라도 NAVER 그룹의 일원입니다. 앞서 말한 것처럼 향후 NAVER가 아크버스를 구현하게 되면 동사의 기술이 적용될 가능성이 높다고 판단합니다.

이노뎁: AI 영상인식 + 디지털 트윈 + 마이크로소프트의 홀로렌즈 협력사

이노뎁은 메타버스 관련 다양한 기술들을 보유하고 있는, 숨은 진주라고 할 만한 기업입니다. 이노뎁의 핵심 기술은 다음과 같이 크게 세 가지 기술로 압축할 수 있습니다.

첫 번째, 영상 관제 플랫폼과 지능형 관제 플랫폼을 합친 AI 영상인식 기술입니다. 이노뎁은 전국 약 230여 개 지방자치단체의 통합관제센터 시장점유율의 약 52%인 120여 개의 사이트를 운영하고 있습니다. 현재는 CCTV를 활용한 영상관제가 주요 매출이지만 앞으로는 5GX 드론을 활용한 영상관제 비중이 증가할 전망입니다. 최근에는 다기종의 영상통합관제(예: CCTV+드론) 매출이 증가하고 있으며, 정부 기관 위주의 매출에서 민간향 매출로의 전환이 빠르게 진행될 것으로 예상됩니다. 이노뎁의 오랜 기간 누적된 빅데이터Big-Data를 활용한 AI 영상인식 기술은 향후 메타버스 시대에 다양한 적용이 가능합니다.

두 번째, 스마트 시티 기술을 바탕으로 디지털 트윈으로 진화하는 것입니다. 이노뎁은 TMS 솔루션(실시간 데이터 수집 및 분석 시스템, real Time decision Management Solution) 기반으로 국내외 스마트 시티Smart-City 시장으로 진출하고 있습니다. 이노뎁은 디지털 트윈을 구현하는 데 이미 충분한 데이터를 보유하고 있습니다.

메타버스 시대에 이노뎁의 디지털 트윈 기술은 스마트 시티와 같은 정부 기관향 매출에서 민간향 매출로 확장되어나갈 전망입니다. 2021년에는 광주광역시의 AI−메타버스 융합도시 조성 관련 업무협약에 이노뎁이 국내 유수의 대기업들과 함께 참여한 바

MS의 홀로렌즈   META의 오큘러스 퀘스트 2

 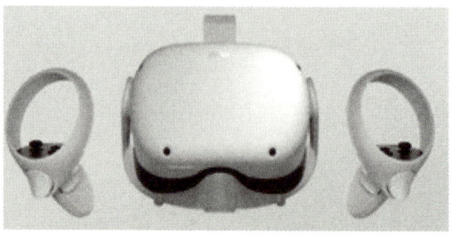

주요 XR HMD기기들(자료: NAVER, 아주경제)

있습니다.

세 번째, 마이크로소프트의 '홀로렌즈HoloLens' 협력사라는 점입니다. 마이크로소프트가 개발한 혼합현실MR: Mixed Reality 기반의 웨어러블 기기인 '홀로렌즈'에 동사의 기술이 적용됩니다. MR은 기존의 가상현실VR과 증강현실AR을 뛰어넘는 실제 개체의 스캔된 3D 이미지를 출력하여 자유롭게 구현하는 기술입니다. MR은 메타버스 시대에 필수적인 트렌드로 마이크로소프트의 홀로렌즈에도 공급되는 우수한 기술인 점을 감안하면 향후 MR 관련 매출의 확장이 기대되는 상황입니다.

맥스트: AR 솔루션에서 XR 메타버스 플랫폼으로

전 세계적으로 AR 산업의 성장이 비대면 사회 확장 및 5G 네트워크의 발전과 더불어 빠르게 촉진되고 있습니다. 2022년부터는 본격적으로 AR 글라스·헤드셋 등의 AR 기기들의 출시 및 시장의 보급이 빠르게 진행될 것으로 예상됩니다. 그렇다면 당연히 AR 관련 핵심 기술을 보유한 회사들이 주목을 받게 될 것입니다.

맥스트는 국내 기업들 중에서 증강현실AR 관련 SDKSoftware Development Kit(소프트웨어 개발자가 특정 운용체제용 응용 프로그램을 만들 수 있게 해주는 소스 및 도구 패키지)를 제공하는 데 가장 앞서나가는 기업입니다. 기본적으로 아시아 최고 수준의 기술력 및 세계적 수준의 AR 개발 플랫폼을 보유하고 있습니다. 확장현실XR 콘텐츠를 제작하는 업체들이 AR·VR 콘텐츠를 만들 때 맥스트의 개발엔진을 사용해서 콘텐츠를 만드는 것입니다. 또한 맥스트는 자체 전용 AR 글라스를 제작하면서 AR 개발엔진을 넘어 디바이스(기기)까지 영역을 확장하고 있습니다.

맥스트는 'VPSVisual Positioning Service(광범위한 실내외 공간에 대해 3차원 공간 맵을 만들고 비전 기반 영상인식을 통해 3차원 공간상에서 모바일 기기의 3차원 위치와 자세를 계산하는 기술)'라는 기술을 보유하고 있으며, 이를 통해 AR 공간 플랫폼 비즈니스를 진행하고 있습니다. 예를 들어 AR 내비게이션 서비스의 경우, 우리가 대형 건물 내에서 AR을 통한 길안내로 목적지를 찾아갈 수 있는 서비스가 가능하다는 것입니다. 이 정도에서 만족하지 않고 맥스트는

맥스트의 XR 메타버스 플랫폼(자료: 맥스트)

한 단계 더 나아가고 있습니다. 그것은 바로 XR 메타버스 플랫폼을 구축하고 있는 것입니다. 일명 'XR 텔레프레즌스'라는 일종의 NEW 비대면 서비스입니다. B2B와 B2C를 동시에 타깃으로 하는 서비스이며, 비대면 강의·근무·콘서트·종교활동이 가능한 플랫폼입니다.

XR 텔레프레즌스의 수익 모델은 크게 네 가지입니다. ① 공간 사업자 플랫폼 구축 및 수익 배분: 글로벌 약 150여 개 지역 거점을 대상으로 메타버스 플랫폼 확장, ② 메타버스 공간 임대: 가상 공간상의 특정 위치에 대한 독점적 점유권을 부여하여 수익 창출, ③ 메타버스 노출 광고(AR 디지털 사이니지): 사용자의 기본 정보(성별, 연령 등)와 더불어 동선까지 특정된 상태로 타깃 광

AR 내비게이션
(NEW 길안내 서비스)

XR 텔레프레즌스
(NEW 비대면 서비스)

GAMIFICATION
(NEW 라이프스타일 서비스)

맥스트의 메타버스 플랫폼(자료: 맥스트)

고 가능, ④ 적용 디바이스 확장: 스마트 글라스, LFDLight Field Display 등 새로운 디바이스용 AR 솔루션은 미들웨어Middel-ware 형태로 제공하는 수익 모델 등이 그것입니다.

맥스트가 구축하고 있는 XR 메타버스 플랫폼은 확장형 개방 플랫폼을 지향하고 있습니다. 3D XR 공간지도 제작도구 개발, 3D XR 지도 데이터 관리도구 개발, 3D XR 지도 데이터 관리도구 개발, VR 서비스(웹, VR 디바이스), AR 서비스(스마트폰, AR 디바이스), 서버 및 서비스 웹사이트 개발 등의 오픈 플랫폼 전략을 통해 스마트 팩토리, 스마트 교육, 스마트 시티, 스마트 홈을 메타버스 플랫폼에서 구현해나갈 계획입니다. XR 텔레프레즌스 구축 완료 후에는 다음 단계인 거울세계를 구축하여 뉴 라이프스타일 New Lifestyle 서비스를 제공할 것입니다. 일반인 사용자들을 타깃으로 게임 업체 및 가상화폐 사업자들과 제휴를 맺어 아이템 판매 및 광고 수익을 창출할 것입니다.

셀바스AI: 음성지능 시대의 수혜

영화 〈아이언맨Iron Man〉에 나오는 인공지능 비서 '자비스'를 기억하십니까? 아이언맨이 원하는 정보를 알려주거나 명령하는 일들을 수행하는 자비스와 같은 기술이 현실화하는 것이 지각 컴퓨팅Perceptual Computing 기술입니다. 컴퓨터나 스마트폰과 같은 디바이스가 사람과 같은 감각을 지녀서 이용자의 의도를 파악할 수 있는 기술로 일종의 'AI 비서'라고 생각하면 쉽습니다. 그런데 사람과 컴퓨터 간의 소통은 어떻게 이루어질까요? 지금과 같은 손으로 누르는 터치 방식은 빠르게 사람의 동작이나 음성인식으로 대체될 것입니다. 특히 메타버스 플랫폼 안에서의 기본적인 커뮤니케이션은 음성인식으로 이루어지게 될 전망입니다.

셀바스AISELVAS AI가 바로 음성지능(음성인식·음성합성·자연어 처리) 분야에 있어서 국내 최고 수준의 기술을 보유하고 있습니다. 약 98%의 국내 최고 음성인식률 및 국내 1위의 음성합성 점유율의 독보적인 우리나라 음성지능 기업입니다. 음성지능이란 ① 음성인식, ② 음성합성: 사람처럼 자연스러운 음성합성, ③ 자연어 처리: 사람의 언어 이해로 구성됩니다.

COVID-19로 인한 비대면(언택트) 시대가 가속화되면서 음성인식 기술 및 음성인식 기반 제품의 공급이 확대되고 있습니다.

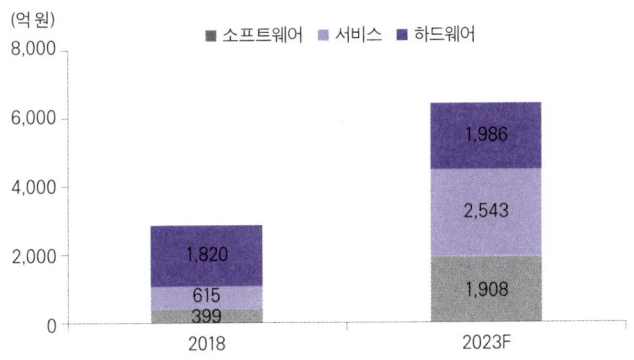

(억 원)
■ 소프트웨어 ■ 서비스 ■ 하드웨어

AI 기반 음성기술 적용 무인화 시장 성장(자료: 셀바스AI, 리딩투자증권)

또한 메타버스 시대가 열리면서 이러한 음성인식 등 AI 기술을 활용한 셀바스AI의 제품과 서비스 공급이 더욱 탄력을 받고 있습니다.

셀바스AI는 문자지능(영상인식·필기인식)에도 우수한 기술을 보유하고 있습니다. 영상인식은 모든 문자를 인식 및 처리하는 기술이고, 필기인식은 손글씨를 디지털로 변환하는 기술입니다. 셀바스AI는 전 세계 필기지능 시장에서도 2위 수준입니다.

또한 셀바스AI는 음성지능과 문자지능을 활용한 AI 융합 제품도 선보이고 있습니다. 세부적으로는,

(1) AI 콘택트 센터: 일종의 보이스 챗봇으로 음성인식과 음성합성을 종합적으로 제어 및 자연어 처리 기술로 고객 응대와 고객 맞춤형 특화 서비스가 가능하며, 주로 AI 콘택트 센터 &

Call(콜센터, 대리운전, 퀵서비스 적용)에서 사용

(2) AI 조서 작성: 대화용 화자분리 인공지능 회의 솔루션 및 화자인식 기술 – 목소리를 인식하고 정확하게 분리하는 기술, 그리고 녹취록, 회의록을 쉽고 빠르게 작성하는 기술이며 공공 조사 분야 및 민간 상담 분야에 주로 적용

(3) AI: 의료 음성인식 – 의무기록을 음성으로 쉽고 빠르게 작성하는 의료녹취 솔루션이며, 의사 1명당 평균 의무기록지 작성 시간을 월 500여 분 단축시킴, 각급 병원(대형~소형) 적용

(4) AI 질환예측 솔루션: 딥러닝 기반 지능형 질환 예측 모형을 통해 4년 내 10대 질환에 대한 발병 가능성을 예측하며, GA사·보험사·병원·건강검진센터 등에 적용됩니다.

AI 음성지능은 앞으로 메타버스 플랫폼만 아니라 각종 소프트웨어(엔터, 미디어, 영화, 뉴미디어, 광고, VFX 등)에 다양하게 접목이 가능합니다. 또한 버추얼 휴먼Virtual Human(가상인간)에도 AI 음성지능 도입이 가속화되기 때문에 메타버스 플랫폼 또는 세계관에서 버추얼 휴먼의 쌍방향 커뮤니케이션이 요구될수록 AI 음성지능의 중요성은 더욱 높아질 것입니다.

덱스터: 콘텐츠 관련 특수기술 및 원천 IP(영화·드라마)까지 보유

1000만 관객을 동원한 〈신과 함께〉라는 영화는 덱스터라는 기업에서 제작했습니다. 그 이후에도 〈백두산〉과 〈모가디슈〉를 제작하며 매년 1년에 1편의 블록버스터(대작) 영화를 출시하고 있습니다. 덱스터는 2022년부터는 매년 제작하는 영화 편수도 늘리고, 드라마도 공동제작 방식으로 제작을 시작할 계획입니다. 덱스터의 영화·드라마 콘텐츠 IP 라인업 확장이 시작되는 시점입니다.

덱스터는 콘텐츠 관련 특수기술과 관련하여 ① VFX, ② 음향 보정, ③ 색감 보정의 세 가지에 강점을 지닌 회사입니다. 글로벌 대히트를 기록한 〈오징어 게임〉 이후로 넷플릭스를 비롯한 글로벌 OTT들의 아시아·태평양 지역 내에서 콘텐츠 수급 중 한국 콘텐츠 비중을 절반 가까이 확대할 계획입니다. 특히 콘텐츠 내에 특수기술 적용이 확대되는 추세여서 덱스터의 글로벌 OTT향 국내 콘텐츠의 특수기술 관련 수주가 증가할 전망입니다.

덱스터는 국내 최고의 기술력과 레퍼런스를 바탕으로 글로벌 OTT에서도 기술력을 인정받고 있습니다. 동사의 특수기술은 현재까지는 후공정(보정) 수준이지만 앞으로 메타버스 시대가 열리

덱스터의 차세대 제작 시스템(자료: 덱스터)

면 선공정(제작 단계)까지 확대되어 버추얼 휴먼 및 VR 콘텐츠 제작까지 확장될 수 있습니다. 또한 실제와 같은 몰입감·현실감을 제공하는 소프트웨어 개발에 VFX 기술이 필수이기 때문에 본업에 있어서도 수주 확대가 예상됩니다. 2021년 9월에 완공된 버추얼스튜디오(경기도 파주 소재)는 현재 영화 〈더 문〉의 제작을 시작으로 향후 실감 콘텐츠 제작, 실시간 VFX에 기반한 게임·영화·드라마·예능 프로그램·혼합현실XR 공연 등 메타버스로의 다양한 적용이 가능합니다.

앞으로 덱스터가 만드는 영화와 드라마를 즐기면서 덱스터의 기술이 녹아 있는 각종 콘텐츠들과 메타버스 관련 소프트웨어들을 접할 기회가 많아질 것으로 보입니다.

위지윅스튜디오: 종합 미디어 콘텐츠 제작사로 발돋움

위지윅스튜디오는 CGComputer Graphics/VFXVisual Effects-Special Effecs(영화 및 애니메이션 산업에 적용되는 영상 제작기법 중에서 컴퓨터 그래픽스에 바탕을 두는 모든 종류의 디지털 기법)에서 우수한 실력을 보유하고 있습니다. 우리가 평소에 접하는 수많은 광고, 영화, 드라마, 게임 시네마틱 영상 등이 위지윅스튜디오의 특수기술에 도움을 받았다고 보면 될 것입니다.

갈수록 원천 IP에 대한 수요가 증가하면서 OSMUOne-Source Multi-Use 콘텐츠를 제작하는 경향이 높아지고, 그에 따라 위지윅스튜디오 제작기술의 적용 범위도 넓어지고 있습니다. 위지윅스튜디오는 VFX를 넘어서 종합미디어 콘텐츠 제작사로 변화하고 있는데, 기존의 오리지널 콘텐츠(영화·드라마·예능)에 뉴미디어(전시·광고·숏폼·메타버스, XR, AR, VR, MR 등)까지 포함한 모든 미디어 콘텐츠 시장에 적용되는 제작 솔루션을 제공하는 업체로 진화 중입니다.

위지윅스튜디오는 본업인 CG/VFX에서의 역량을 바탕으로 자회사들을 통해 콘텐츠 사업을 키워나가고 있습니다. 자회사 래몽래인은 예전에 드라마 〈성균관 스캔들〉을 만들었던 곳인데, 2021년에 코넥스KONEX 시장에서 코스닥KOSDAQ 시장으로 이전

회사명	주요 사업	연도	방식
래몽래인	드라마 제작사	2019	인수
이미지나인컴즈	예능·드라마 제작사	2019	인수
엔피	뉴미디어 콘텐츠 제작사	2019	인수
에이치월드픽쳐스	드라마 제작사	2020	인수
더블유컬쳐	IP 홀더 중심 OSMU 제작사	2020	설립
엑스온스튜디오	디지털세트	2020	설립
위즈온센	공연영상 제작 및 유통	2020	설립
메리크리스마스	콘텐츠 투자	2020	인수
고즈넉이엔티	웹툰·웹소설사	2021	지분 취득
시어스랩	인공지능·카메라 플랫폼	2021	지분 취득
팝뮤직	드라마 OST 및 뮤지컬 콘텐츠	2021	지분 취득
골드프레임	원천 IP 및 애니메이션 제작	2021	지분 취득
에프포스트	촬영장비 렌탈 및 영상 후반 작업	2021	지분 취득
얼만웍스	예능·드라마 제작 및 매니지먼트	2021	지분 취득

위지윅스튜디오의 원천 IP 및 기술 관련 자회사 및 투자회사들(자료: 위지윅스튜디오)

상장을 완료했습니다. 또한 이미지나인컴즈(예능·드라마 제작 및 매니지먼트사), 메리크리스마스(콘텐츠 투자·배급사), 골드프레임(원천 IP 및 애니메이션 제작), 고즈넉이엔티(웹툰·웹소설사), 위즈온센(공연영상 제작 및 유통 회사) 등 다양한 원천 IP 회사들을 통해 종합미디어 콘텐츠 제작사로 발돋움하고 있습니다. 더불어 웹툰·웹소설-드라마-영화-게임-공연으로 연결되는 IP 생태계를 견고하게 구축해나가고 있습니다. 여기에 2021년 위지윅스튜디오는 컴투스 그룹 일원이 되었습니다. 따라서 앞으로 게임에 있어서 단순한 후보정 단계가 아닌 개발·제작 단계부터 위지윅스튜디오가 능동적으로 참여할 것입니다.

여기에 메타버스 시대에 대한 대응도 발 빠르게 진행하고 있습니다. 위지윅스튜디오–컴투스–시어스랩(인공지능·카메라 플랫폼)의 조합으로 메타버스 기반의 커머스 플랫폼을 준비하고 있으며, 동시에 XR(확장현실, AR+VR+MR) 기반의 메타버스 콘텐츠 제작까지 확장이 기대됩니다.

FSN: 메타버스에서의 금융인 디파이 관련주

최근 가장 핫한 키워드 중 하나로 디파이De-Fi가 있습니다. 디파이는 가상세계(메타버스) 안에서의 금융Finance이라고 할 수 있는데요. 우리의 현실세계에서도 금융이 있듯이 가상세계(메타버스)에도 금융이 존재합니다. 디파이를 상세하게 알아보기 전에 일단 CEX와 DEX에 대해 알아보도록 하겠습니다.

CEXCentralized Cryptocurrency Exchange(중앙집중식 거래소)는 우리가 평소에 사용하는 증권 거래소 또는 코인 거래소(예: 업비트, 빗썸, 코인원, 코빗)처럼 중앙 거래소에 집중되어 사고(매수) 팔고(매도)가

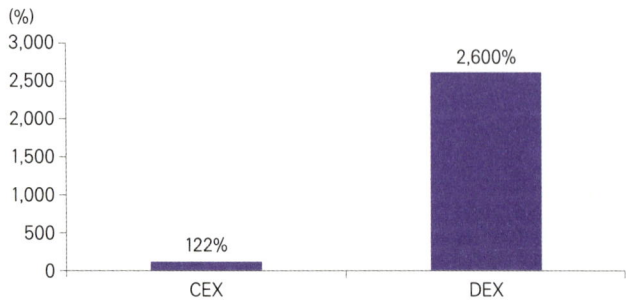

CEX와 DEX 성장률 비교(2020년 기준)(자료: FSN, 리딩투자증권)

이루어지는 방식입니다. 회사가 소유하고 운영하는 플랫폼에서 발생하는 모든 거래 관련 완전 통제가 가능하며, 사용자의 입장에서는 자신의 계정에 있는 개인키 엑세스 불가 및 코인 송금 또는 매매 시에 트랜잭션Transaction이 없고, 내부 장부상의 이동만 있습니다. CEX의 장점은 거래량과 유동성이 풍부하고 현금 입출입이 가능하다는 점입니다. 반면 단점은 해킹에 대한 우려가 있다는 것입니다.

DEXDecentralized Cryptocurrency Exchange(탈중앙화 거래소)는 암호화폐처럼 블록체인 기술을 사용합니다. 어느 특정 하나의 회사에서 운영하지도 않으며, 단일 기관의 감독 하에 있지도 않죠. 또한 사용자의 자금 규모, 포트폴리오, 신상 등의 개인정보도 보유하지 않으며, 플랫폼에 등록된 주문 거래를 위한 라우팅 및 매칭 레이어 역할만 수행합니다. 장점은 보안 측면에서 유리(블록체인 기술 사용·해킹 어려움)하고, 사용자의 익명성 유지에 용이하며 정부 규제가 어렵습니다. 반면 단점은 거래량과 유동성이 다소 부족하다는 점입니다.

디파이De-Fi는 '탈중앙화Decentralize+금융Finance'의 합성어입니다. 말 그대로 '탈중앙화된 금융 시스템'을 의미하는 것인데 위에서 설명한 것처럼 분산된 네트워크 등을 통해 중앙기관(기업 또는 정부)의 통제를 받지 않는 금융 시스템입니다. 인터넷 연결만 가능하면 PC, 태블릿, 모바일 등을 통해 블록체인 기술을 가지고 다양한 금융 서비스(예금, 투자, 보험 등)를 사용할 수 있습니다.

디파이에서 가능한 금융의 예를 들어보면,

(1) 스테이킹Staking: 자신의 보유한 가상자산(암호화폐)를 디파이 기반의 블록체인 네트워크에 예치하면 이자Interest 개념으로

디파이(자료: FSN ASIA)

암호화폐를 받는 것(은행에서 예금을 예치하면 이자를 받는 것과 비슷한 원리)

(2) 자산관리 전략: 양방향 헷지, 옵션(예: 커버드 콜 등) 등이 가능합니다.

무엇보다도 앞으로 가상자산을 활용한 펀드Fund 구성도 가능해집니다. 국내외 현물자산(주식·채권)+가상자산(코인)을 24시간 내내 운용하는 글로벌 현실·가상 투자펀드를 만들 수 있습니다. 따라서 앞으로 개인 투자자들도 증권사나 은행 등에서 현물자산과 가상자산이 혼합된 펀드에 투자할 수도 있으며, 이러한 것들을 활용한 자산운용사들도 새로운 수익창출원이 될 수 있습니다. 이처럼 디파이는 금융의 패러다임을 뒤바꿀 것으로 보입니다.

FSN은 자회사 FSN ASIA를 통해 디피닉스DEFINIX라는 디파이 기반의 거래소를 보유 및 운영하고 있습니다. FSN ASIA는 2022년에 싱가포르 증시에 상장IPO 예정입니다. FSN은 디피닉스 거래소를 기반으로 범아시아 지역을 아우르는 디파이 생태계 구축을 목표로 하고 있습니다.

디피닉스DEFINIX는 자체 유틸리티 토큰Utility Token인 피닉스FINIX 토큰 기반의 'FARM & POOL & Re-balancing Farm Long-term Stake'를 제공합니다. FSN은 국내 코인 거래소인 코인원

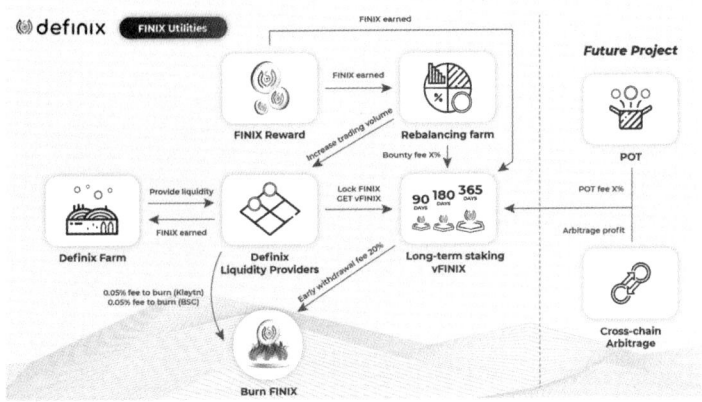

디피닉스 구조(자료: DEFINIX)

COINONE에 상장된 식스SIX 코인을 보유·운용하고 있으며, 피닉스 토큰을 식스 코인으로 교환이 가능합니다. 또한 FSN은 딩고 Dingo 뮤직의 지분을 보유하고 있는데, 딩고 뮤직의 콘텐츠를 기초자산으로 하는 NFT를 발행 및 식스 코인과 연동시킬 계획입니다. 또한 일본의 컴시드Commseed와 P2E 기반의 소셜 카지노 게임 사업 추진하여, 해당 유틸리티 토큰을 식스 코인과 연동할 것입니다.

식스 코인은 국내보다 해외(태국 등)에서 주로 유통됩니다. 2011년에 약 100원대였던 가격이 2011년 12월에 약 450원까지 약 4.5배나 급등을 했었습니다. 식스 코인은 디피닉스 거래소의 활성화 및 식스 코인의 활용도 증가가 예상되기 때문에 앞으로도

식스 코인(자료: 코인원)

많은 관심을 가지고 지켜보시기 바랍니다.

　FSN의 본업은 종합 디지털 광고회사로 국내 디지털 마케팅 업체 중 광고 취급액 1위입니다. 또한 자회사 부스터즈BOOSTERZ는 D2CDirect to Consumer 비즈니스 모델을 추구하며, 킬러 콘텐츠 발굴 및 수익 쉐어로 파트너십을 통한 동반성장을 이뤄나가고 있습니다. 수분충전 음료인 '링티'는 대표적인 킬러 콘텐츠로서 출시된 지 2년 만에 매출액 300억 원을 돌파했고, 바른 목 자세 교정 기구 '디닥넥'은 출시된 이후로 누적 판매액 100억을 돌파하면서 링티와 더불어 부스터즈의 성장을 이끌고 있습니다. FSN은 본업인 디지털 광고업과 자회사를 통한 D2C 비즈니스 모델도 호조를 보이고 있기 때문에 디파이가 본격적으로 확장되면 그 파괴력이 엄청날 것으로 예상됩니다.

메타버스 투자의 정석

1판 1쇄 인쇄   2022년 3월 4일
1판 1쇄 발행   2022년 3월 10일

지은이 곽병열, 유성만
펴낸이 김기옥

경제경영팀장 모민원   기획 편집 변호이, 박지선
커뮤니케이션 플래너 박진모
경영지원 고광현, 임민진
제작 김형식

표지디자인 투에스   본문디자인 제이알컴
인쇄 · 제본 민언프린텍

펴낸곳 한스미디어(한즈미디어(주))
주소 121-839 서울시 마포구 양화로 11길 13(서교동, 강원빌딩 5층)
전화 02-707-0337 | 팩스 02-707-0198 | 홈페이지 www.hansmedia.com
출판신고번호 제 313-2003-227호 | 신고일자 2003년 6월 25일

ISBN 979-11-6007-785-8   13320